イギリスの霧の中へ

心霊体験紀行

三浦清宏

令和新刊の前書き

この本の初版は昭和五十八年（一九八三）一月。私が生まれて初めて出版した本である。その後、平成元年（一九八九）に『中公文庫』として再版されたが、その時は読み直すことはしなかったので、改めて読み直すのは今回が初めてである。書いてから約四十年が経っている。

たぶん幼稚なことが書いてあるのではないかと気にしながら読んでみたが、そんなことはなかった。むしろ、感心するくらいよく書けていた。細かい描写など、今はこんなに丁寧には書けない。記憶力も衰えているし、根気もない。今書けば、もっと大雑把（おおざっぱ）な文章になるだろう。人間、四十台から五十台の頃が最も脂（あぶら）の乗った時期で、書くことも濃（こま）やかで緻密になるのではないか。

読んでいておもしろかったのは、人物の描写だった。特に「ブリッキー先生」「クレア婆さん」「ＳＰＲのＫ嬢」である。女性ばかりというのもおもしろいが、どれも私が何らかの意味で引っかかった人たちばかりである。本当を言うと、思い出したくない人たちばかりである。ところが、彼女たちの方が、ジョー・ベンジャミンや、そのほかの親しくした英国人などよりも、この文章の上ではずっとおもしろいのだ。私の心に「引っかかった」ことが強く意識され、当時の印象を蘇らせたせいかもしれない。

読者としては、霊能者としてロンドンで活躍したジョー・ベンジャミンや、われわれ日本人の家族との別れを惜しんで泣き出したトレーシーなどの方にずっと興味を惹かれるかもしれない。それはそれでいいと思うが、英国社会の底辺、或いはそれに近いところにうごめいていた人たちの姿も、「イギリスの霧の中」では重要な人物像だったと思う。

ところで、四十年の歳月を経て、気が付いたことが二つあった。四十年経ったからこそ気が付いたことだ。

一つは、私の人生上の問題であり、もう一つは文学上の問題である。当時は疑問として悩んだことが、四十年経った今は答えが出ている。年を取ることの効用である。私は現在九十二歳、自分では、後、半年ほどの命だと思っているが、たとえ、もう少し長く生きるとしても、人生の結論が出たと考えるには、充分長生きしたと考えていいだろう。

人生上の問題というのは、この本の六番目の章である「『アーティスティック』な妻」の中に書かれた「私が今後小説を書いていっていいかどうか」という問題である。くどくどと何ページかにわたって書いているが、当時私は小島信夫（こじまのぶお）さんという、『抱擁家族』や

『別れる理由』で有名になった小説家に師事していて、「小説とは自分を書くものだ」と絶えず言われていたにもかかわらず、それが出来ず、その意味がよくわからずにいて、自分は小説を書くのにふさわしい人間ではないのかと悩み続けていたのである。(興味のある方は、私が最近出した水声社刊『運命の謎―小島信夫と私』を読んでみてください)。

それに対するジョー・ベンジャミンの答えは単純明瞭、「どんどん書け」(142ページ)だった。

その部分を引用すると、

「家へ帰ったら、すぐ書きなさい」と彼は言った。何をぐずぐずしているのか、と言わんばかりだった。おまえの迷い言などは、ちゃんちゃらおかしくて、窓を開けて、さわやかな風を入れたくなるほどだ、とでも言いそうであった。(143ページ)

ジョー・ベンジャミンは正しかった。

書いてみなければわからない。小説家であるということを前提として書くのではない。

書いてみて、はじめて小説家であるかどうかがわかるのだ。どんな小説を書くのかということも。

当時私は「小説」を書けと言われ、「小説とはこういうものだ」と言われた。その「小説」なるものが真っ先に頭にあったものだから、それで苦労したのである。その部分は「?」でよかったのだ。書いたものが「小説」になればよし、ならなければ、ならないでもよしである。

私は、今、自分を、世間の言う「小説家」だとは思っていない。「何家」なのかわからない。書くことは好きだから「もの書き」には違いない（英語の「writer（書く人）」というのが一番合っているかもしれない）。

最近書いたり出版したりしたものはどれも小説ではない。『運命の謎』は小島信夫さんとの師弟関係を書いた自伝風なものだし、新版の『近代スピリチュアリズムの歴史』は英国からアメリカへと続く心霊研究とその続編の歴史だし、今回の本は、さっきも言ったように、そのトップバッターである。私は「芥川賞」という、小説家に贈られることになっている賞をもらったことがあるので、私を小説家だと思っている人たちが多いが、人生九十二年にわたる、（小説を書き始めてからは約六十年後の）実情は違うのである。

私はそれを不満だとは思わない。むしろ、もっと早く気が付いて、書きたいものを書きたいように書いていれば、余計な気苦労もせずによかったろう、と思うだけだ。

ここで一言。

人間は自分が好きなこと、楽しいと思うことをやるのがいちばんいい。「人生の目標」とか、「理想」とか、「…のあるべき姿」とか、そういう、誰かに言われたり、自分で作り上げたりしたリッパな幻影に惑わされたりしたらいけない。

そうして、できれば、自分のやることが人を楽しませたり、喜ばせたりすることに繋（つな）がれば、それに超したことはない。ベンジャミンの言葉で言えば、

「おもしろいものを書きなさいよ。誰も読まないようなものを書くんじゃない。みんなが楽しむものを書くんだ。・・・」（143ページ）

人は人との繋がりで生きている。自分がすることは、必ずほかの人にも影響する。そうして、それはまた、いつかは自分にも戻ってくるのである。

ベンジャミン、バンザイ。

次は文学上の問題である。

「霊的な問題をどうやって文学的に表現するか」

文学が具体的なものを相手にする以上、「地上の物象を通じて、『見えないもの』をさぐってゆくしかない」（325ページ）と、当時の私は書いている。

更に、

「…抽象的な言い方だが、既成のものの見方からはるかに自由に、対象を無限の時間と空間との中に置き（あるいは時間と空間から自由にして）根源的な姿において捉えるということではないかと思う。そうするためには、作者は、眼から世間の垢を洗い落とし、魂の鏡を磨き立てねばなるまい」（325〜326ページ）

やれ、やれ。ずいぶん気負った、青臭い言い方だ。こんなことができると思っていたのだろうか。これはさっき言った「リッパな幻影」である。おそらくフランス象徴派の詩『地獄の一季節』に代表されるアルチュール・ランボーの「見者の説」などが頭にあったに違いない。

私は先ほど言った『運命の謎—小島信夫と私』の中で、自分一人ではどうしようもない「運命」としか言いようのない人間関係を書いた。何か大きな力が自分を動かしていたことに間違いはない。これが「霊的」なものだったのかどうかはわからないが、もし霊界が人間の運命を支配する力を持っているとすれば、ここにその力の投影があったかもしれない。

私が霊的なものを表現できるのは、そういうやり方しかない。「これが霊の世界です」とはっきり示して見せることなどとてもできない。そういう特殊な体験もないし、あったとしても言葉がそれについて行かないだろう。ただ、自分が日常生活の中で自分の力の及ばなかった体験を述べて、その意外さ、不思議さを読者に訴えるだけである。自分の経験を語るのだから自伝的と言っていいと思う。私が今まで書いてきた、いわゆる「小説」はみなそうである。だから、文学的分類では私は「私小説家」の部類に入るかもしれない。

実は、これから私が書こうと思っている作品が一つあるのだが、それも同じように自伝的なものである。それは最終的には自分の霊的な自覚についての話になるので、霊的な作品と言っていいものなのだが、それに至る道のりは『運命の謎』と同じくまったく体験的である。だから「自伝」なのだが、精神的遍歴に重点を置いた自伝と言ったらいいだろう。

どういう話か簡単に言うと、まず私は二十代の初めに、アメリカへの憧れを抱いて日本を飛び出した。アメリカを体当たりで研究しようと意気込んだのだが、四年後に、結局、自分が好きなことをやるのが一番だと考え直し、再び詩を書き始めた。アメリカだから、大学の英文科の創作教室で英語の詩を書いていたが、その大学で小島信夫さんに出会う。数年後、日本に帰ると、小島さんの勧めで小説家を志したものの、小説とは自分を書くものだと言われ、自分とは何かを探して坐禅を始めた。だが禅では「自性ナシ（自分などというものはない）」と悟る。

一方、霊的な世界に惹かれて「心霊研究」を始めた。いろいろな体験をして、霊界があるらしいとは思うが、確信には至らない。他方、禅では、霊界などを相手にしては修行の妨げになると教えられる。それやこれやで、最後に到達したのは、今居るところが霊界だ、という境地。禅の言葉で言えば、「即今（今、此処）」である。

「霊界はどこにありますか」

と訊かれたら、

「あなたの今居るところが霊界ですよ」
と、今の私なら答える。
それに迷いはない。
しかし、そう言われても、言われた方はさっぱりだろう。
それが言葉のむずかしいところだ。
その人のわかるように説明することなど絶対にできない。
ご自分でわかってほしいと思うだけである。

これが本になるかどうかは何とも言えない。本になる前に私の寿命が尽きる恐れが十分ある。しかし、今、その筋書きなりともお話できたことは、私にとってちょっとほっとした嬉しさがある。

ところで、そんな先の話よりも、現在この『イギリスの霧の中へ』が、四十年もの歳月を経て再び蘇るということ自体が、たいへん霊的なこと、霊界の力がなかったら起こらなかったこと、ではないだろうか？
その霊界との仲立ちをして下さったのが、

江原啓之さん

だと申し上げれば、読者も充分納得してくださるだろう。

江原さんは、若い頃、心霊（スピリチュアリズム）の勉強をしに英国に行かれたときに、この本を「懐に入れて」行ったと言われる。つまり、ガイドブックとして使われた。

それを私が知ったのは、つい最近のことである。

私が昨年、三十年ぶりに日本心霊科学協会の理事になって間もなく、理事長の瀬尾育弐さんが、協会の今後のことで江原啓之さんとお話ししたいので、三浦さんも一緒に行ってくださいと言われ、同行した。それが江原さんとお会いした最初である。お名前は前々から承知しており、『守護霊』という立派な著書も読んだことがあるのだが、お会いしたことはなかった。

その日はわざわざ車で迎えに来てくださり、山の手のお屋敷で松茸ご飯をご馳走になった。

車を運転し、いろいろお世話してくださった石橋剛さんという、お弟子さんで秘書の方が、私の『近代スピリチュアリズムの歴史』を読んで、是非三浦さんに会いたい、探して欲しい、と言っていたと言われ、

「自分も若い頃、『イギリスの霧の中へ』を懐に入れてイギリスに行ったことがあるんで

すよ」

と言われた。

私は面目を施し、愉快な一時を過ごすことができた。

日本心霊科学協会について、江原さんは、霊能者の寺坂多枝子さん〈故人〉などにたいへんお世話になったので、恩返しをしたいと思っている、と言われた。それについてこれ以上のことを書くのは出過ぎたことだし、ご迷惑になるといけないのでやめておくが、実は私も、協会に対して「恩返しをしたい」と思ったので理事になったばかりだった。私の場合は『近代スピリチュアリズムの歴史』を写真、イラスト入りで再版して、その出版権や収益を協会に寄贈しようと考えたのである。

これには実は霊界からのおもしろい働きかけがあったのだ。

私が二年ほど前に病で入院していた時に、或る日、携帯に電話がかかって来た。心霊協会の中村きよ子さんからで、実に三十年ぶりの電話だった。

「理事になっていただけませんか」

という。私は一も二も無く引き受けた。

この三十年の間、「理事になってくれ」と言われたのは、一度や二度ではなかった。すべてお断りしていたが、中村さんから電話をもらった時には、ちょうど「恩返し」のことを考えていた。しかも、中村さんは、私の本の出版に必要な協会の図書を管理するただ一人の人間だったのだ。こんな偶然の一致などはめったにあるものではない。

後で中村さんに、どうして三十年間無音の後で電話をする気になったのか訊いたところ、その答えを聞いて、思わず絶句してしまった。

「綾先生が『三浦さんに理事になってもらいなさい』と言われたんです」

「綾先生」というのは、日本心霊科学協会の初代理事長の妻で、霊能者として協会を取り仕切っていた女性。お亡くなりになって久しいが、彼女の影響を受けた人々は非常に多い。カリスマ的な存在だったと言ってもいい。中村さんは、もちろん、彼女に深く師事し、私に電話をくれた時には、その言行録を編んで本にしたところだった。

「恩返し」ということが霊界にも通じていて、霊界からの支持もあったという一つの例だが、これはおそらく、いや、間違いなく、この『イギリスの霧の中へ』についても言えることではないかと思う。江原啓之さんがこの再刊を祥伝社に働きかけてくださったということが、霊界の意志の表れなのだろう。私はもちろんこの本も、日本心霊科学協会に版権、販売利益共に寄贈するつもりでいる。

＊　＊　＊

ところで、もう一つ、是非書き留めて置きたいことがある。

今年の二月初め頃だったと思うが、ミュリエル・ジョリヴェさんというフランス人の女性からメールがあった。メールを頂いて思い出したのだが、今から三十年ほど前、私の『イギリスの霧の中へ』を読み、こういう大学教員の海外研究もあるのだなということに気づき、自分も日本でやってみたいと思って、私にアドバイスを求めて来たのであった。ミュリエルさんは上智大学の先生で、社会学が専門である。当時のことは、私はすっかり忘れていたが、ミュリエルさんの言葉によれば、私は、日本の霊界は西洋とは違って、狐や狸や蛇などの自然霊が多く、人間霊と共存して人間を騙したり、人間に成り代わったりして、容易に見分けがつかないので、危険だからやめた方がいいと言ったそうである。

しかし、ミュリエルさんは臆（おく）せずにこつこつと日本中を訪ね歩き、北はアイヌの霊能者、東北のイタコ、南は沖縄のユタなどから、広く話を聞いて廻り、それを分厚い一冊の本に書き上げた。Les Derniéres Chamanes du Japon『日本の最後のシャーマンたち』である。

私の『イギリスの霧の中へ』などと違って、社会学者としての良心と綿密な調査に裏付けられた、学術的に価値の高いものである。日本語訳が出るそうだが、日本の読書界にとっても有益な一冊となるのではないか。

そういうわけで、この『イギリスの霧の中へ』は、意外な波紋を拡げて行っている。今、ミュリエル・ジョリヴェさんは、日本心霊科学協会の理事となり、協会に新風を吹き込もうとしている。

何でも霊界のせいにするつもりはないが、今までの成り行きから言って、全体がなんとなく或る望ましい方向へ進んでいるように思えるのは、単に私の思い過ごしに過ぎないだろうか。

最後になって申し訳ないが、この新刊を実際に手間暇掛けて作り上げてくださった祥伝社の黄金文庫編集部員および装幀担当者に、厚く御礼申し上げます。

令和四年八月二十八日

三浦清宏（みうらきよひろ）

イギリスの霧の中へ——心霊体験紀行

目次

モスクワで買った帽子

私が心霊研究に興味をもって英国へ行ったのは、昭和五十三年三月末だった。

出発前は心霊研究についてそれほど知っていたわけではなかった。それまで十年近く、日曜ごとにある寺へ行って坐禅をしていたことが、心霊に興味をもつ素地を作ったことは間違いないと思うが、ほんとうに興味を持つようになったのは、スエーデンボルグを読んでからである。それまで霊の話というと、現実離れしたものの代表のようにしか思えなかったが、スエーデンボルグは、歩いて見ながら書いているかのように、細かく、具体的に述べているので驚いた。たくさんのことが書いてあったが、いちばん興味深かったのは、人間は、生きているときと同じ気持ちをもって霊界へ行き、その気持ちを持った者同士が集まって集団生活をするという点で、人間界で良心的な顔をしていても、ひそかに邪心を抱いていた者は、同じ邪心を抱いた者たちが集まる集団に行くことになり、そこが地獄になるという。この「照応（コレスポンデンス）」の説は、スエーデンボルグの中心理論らしいが、霊界というものが、これほど日常に類似していて（スエーデンボルグは、貨幣の表と裏だと言っている）、日々の生活の延長線上にあるということが、私には新鮮で、いままでの話とは違った説得力があった。

英国に行くことになったときも、だから、まっ先に頭に浮かんだのはスエーデンボルグだった。ロンドンはスエーデンボルグゆかりの地で、最初の霊界の使者が彼を訪れたのは、この町のあるホテルだったというし、彼の霊界についての著作が出版されたのも、亡くなったのも、最初のスエーデンボルグ協会が設立されたのも、みなロンドンである。それほどスエーデンボルグが気に入った土地なら、きっと霊的なところであるにちがいない。英国人は霊界のことをどう考えているだろうか。それはスエーデンボルグの霊界とどう違うだろうか。というようなことを私は考えていた。

私が一年間ロンドン郊外に滞在することが出来たのは、私の勤めている大学の海外研究制度のおかげだが、学校に提出した書類には、研究の目標として、「現代人の霊魂観の研究」、研究機関に「スエーデンボルグ協会」と「心霊研究協会（Society for Psychical Research)」を挙げてあった。

しかし実際には、スエーデンボルグ協会へ行ったのはほんの二度だけで、心霊研究協会とのつき合いの方が、深くなった。スエーデンボルグ協会は主として、スエーデンボルグ関係の本の出版に従事するだけで、レクチュアのような啓蒙活動はやっていない。心霊研究協会の方は、今度の旅行の初めに「第二回国際大会」に出席したことが機縁になって、その後、月々の講演を聞きに行ったり、メンバーの人たちとも親しくするようになった。

国際大会は、三月二十八日から三日間、ケンブリッジであった。私は四月になってから、家族と一緒に出発する予定だったが、一週間繰り上げて、単独で出かけた。幸先がよいという気がした。しかしこの、百年近くも続いている、世界でもっとも古く、「SPR」と親しげに呼ばれる研究機関については、何も知らないと言ってよかった。開催地のケンブリッジが、「SPR」の発祥の地であるということも知らなかった。ケンブリッジに着いた私は、石の冠に飾られた王城のような大学の建物が、まだ暗い早春の空の下に、鬱屈(うっくつ)した姿を横たえているのを眺め、うつろで陰の多い構内の、すりへった石畳の上を歩き廻りながら、なにか、霊の世界に一歩近づいたような気がしていたのである。

大会のスケジュールは次のようであった。

三月二十八日
九時　参加者受付け
十一時　コーヒー
十一時三十分　歓迎の辞・ケンブリッジ大学心霊研究会会長　A・D・コーネル
十一時四十分　ケンブリッジにおける心霊研究　A・ゴールド博士

一時　　　　　　昼食
二時十分　　　　ESPにおける大脳半球の感知差の消長　R・ブロートン
三時　　　　　　自動的ESP作業における反応偏倚と、反応指導の効果　C・サージェント
三時五十分　　　ティー
四時二十分　　　ESPと防衛機制テスト　E・ハラルドサン博士
五時十分　　　　死後生存説各種　R・タウレス博士
六時　　　　　　休会
七時三十分　　　ビュッフェ式シェリー・パーティ
三月二十九日
九時三十分　　　騒霊現象の地球物理学的理論を調査するための家屋震動に関する実験
　　　　　　　　A・コーネル
十時三十分　　　現象学と超心理学　J・フリードマン
十一時十分　　　コーヒー
十一時四十分　　心霊現象の確率　H・ピンコット博士
一時　　　　　　昼食

二時十分　「スプーン曲げ」における動力学的内部変形について　J・ハステッド教授
三時　心霊治療のエネルギーと神経化学　G・ライン
三時五十分　ティー
四時二十分　念力と物理学　E・バスティン博士
五時十分　目的論的因果律　J・ベロフ博士
六時　休会
七時三十分　夕食
八時三十分　エンフィールド騒霊現象についてのシンポジウム　M・グロス及びG・プレイフェア

もう一日あるが、これで止めよう。いま訳していても何だかわからないようなのがある。聞いていてもわからなかった。超心理学(パラサイコロジー)の何たるかも知らないで出席したのだから無理もない。超心理学というのは、心理学を一応卒業した上でやるもので、物理学、生理学、地質学など、他の分野の知識も利用出来るようでなければいけないということを、その後ある心理学の教授から聞いた。日本では三十年ぐらい遅れているらしい。(福来研究

所のような優れた機関もあるが、私に関する限り、田舎の小学生が、中央の大学院の講義に出たようなものだった）

しかし、辛棒強く聞いているうちには、何かわかるかもしれないという希望から、どの講義（レクチュア）にも出席し、熱心に耳を傾け、スクリーンに投影される図表や数式に眼をこらした。日本で行われた学会にだって、こんなにまじめに出たことはなかった。日本の学会は人数が多いせいか、幾つもの部屋に分かれていて、同時進行する。どこにも出ずに町へ酒を飲みに行っても、部屋を一つ一つ探して歩かないかぎり、わからない。ここでは百五十人ほどの人間が、朝から晩まで同じ部屋に集まり、食事時まで一緒だから、誰れが何をしているかということは、たいがい目星がつく。しかも髪の黒い人間は私一人なのだ。イギリス人たちはそ知らぬ顔をしているが、当然、高い飛行機代を払ってまで、たった三日間の会合にやって来たこの日本人は、特別の関心をもった学者か何かであろうと思っているにちがいない。そう考えると、居眠りなどしていられない気になるが、実際にはよく居眠りした。講義（レクチュア）が終って、起こされたこともあった。バツの悪い顔をすると、あんな話では居眠りをするのが当たり前ですよ、と、英国人らしくかえって褒めてくれた。「ハード・スケジュールでね」と言うと（たぶんこう米語風に言ったのだろうが）、全部出ているのかと、驚いた顔をした。英国人が欠かさず出席しているように思ったのは、こちらの思いすごしだったようだ。

聞いてわかったこともあったが、わかってみると、居眠りをしていてもいいようなものだった。その程度のことぐらいしかわからなかったのであろうか。

一軒の家を太い綱で引っぱったり、土台の下にテコを入れて押し上げたりして、騒霊現象の時に報告されているのと同じ家の状態を再現して、そのときの物理的な力の量と方向とを報告したのがあった。

スプーン曲げのときに加わる圧力は、平常の場合の同じ作業なら、五トンの力に匹敵し、曲がった部分の材質は、曲がる以前よりも硬化して、粒子の並び方にも変化があるという報告もあった。

色弱のテスト紙と色弱の人を使って、テレパシーが他人の心を通じて情報を得るのか、対象物から直接に情報を得るのか調べた心理学者がいた。

黒板に家の絵を描き、綱を巻きつけて、その端をモーターに結びつけたり、太い棒を土台に差し込み、石を軸にして、その端に人が乗った図を描いたり、超能力者が曲げて見せたりしたという、アクセサリーとも鎖とも判然としない金属の輪の繋がりをとり出して見せたり……そういうものを眺めながら、私は何となくさびしい気持になっていった。

霊界はあるのだろうか、無いのだろうか。そんなことを問題にしている人間は一人もいなかった。疑問でもいい。あるいは、あるなどという人間はどうかしているのだと、動かぬ証拠を突きつけてみせてくれるのでもいい。家を綱で縛ったり、子供の不細工な工作品を見せたり……ここは心霊研究の世界的中心なんだろうか。百年近くもたつのに、まだ家に綱をつけて引っぱっているようでは、霊界のドアを開けて内に入るまでに、あと何千年かかるかわからないと思った。

だが一方では、心霊小学一年生である自分に対する自信の無さも、絶えずつきまとっていた。だから、レクチュアが終わると、義務を果たしたほっとした気持ちで外へ出た。廊下にかけてあったレインコートを着、ロンドンへ来る途中モスクワの空港で何となく気に入って買った、この旅行最初の買物であるアストラカンの防寒帽を、前後正しく頭に載せ、イギリス人たちにまじって、なるべく同じゆったりした足どりで、内庭を横切って、「オールド・キッチン」へと歩いていった。

食事時間にSPRはもう一つの顔を見せた。そこで私は、この会合に出ている人たちが、必ずしも博士や教授たちばかりでなく、年金で暮らしている老人や、商店の主人や、ジャーナリストや、医者や、女子学生など、アマチュアもたくさんいることを知った。アメリカ人と違って、隣りに坐っても、何かきっかけの無い限り話しかけてきたりはせず、自分たちのグループや、親しい者同士静かに話し合っているのも、気持ちよかった。

夕食後のコーヒーを飲むひと時、卓上ランプに照らされた古い大きなテーブルに肘(ひじ)をつき、一人ゆっくりとパイプの煙をくゆらせている古いメンバーらしい男を見ると、何となく安心した。その煙が消えてゆくエリザベス朝さながらの暗闇には、ヘンリー八世を中心に、この大学の卒業生であるニュートンやテニスン、バイロンなど、肖像画の人物たちがほのかに浮かんでいて、彼はその連中だけを相手にしているようだった。

たまたま誰かと話し合うようなことになっても、レクチュアについての話などは一つも出ない。レクチュアは表の顔で、こちらの社交的な顔の方もそれに劣らず大切、というよりか、こちらの方を楽しみに集まって来ている人も多いのではないかと思われた。

霊界についてまともな話をするのは、はばかられる感じで、一人だけ、背中の曲がった小さいお婆さんが、肉体を離脱した経験があるとか、幽霊のいた家に住んでいたことがあるとか、元気な声で話すのだが、誰も耳を傾けようとしないので、いつも私を相手にして喋り立てていた。

彼女は私に霊的なものを感ずると言った。そうして、私の帽子を褒めてくれた。帽子には霊的な力が宿ることがあるから、不用意にかぶるものではないとも言った。私が帽子をかぶっているところを見て、霊的だと思ったのかもしれない。たしかに、白黒のちぢれ毛のロシア製の帽子をかぶると、韃靼(だったん)人か何か、シベリアの森林地帯を徘徊する神秘的な遊牧人種の顔に似て見えた。一人で外を歩くときに、私はこの帽子をしっかりとかぶっていった。何かに守られ、力を与えられているような気持ちになって、自然に背筋がのび、脚に力を感ずるのだった。

この会の幹事役のクラーク博士に、日本の心霊研究雑誌を見せたのも、夕食後の社交のひと時だった。クラーク博士は三十になるかならないかのケンブリッジの先生で、若い人によくあるように髭を生やしていた。赤毛の髭が右の耳の下から左の耳の下へと、顎にそって堂々と顔をとり巻いていて、ライオンのようだと言いたくなるが、よくよく見ると、どこか威厳の欠けているところがある。その立派なたてがみの中から覗いている小柄でまるみを帯びた童顔のためで、二つの薄い褐色の眼が絶えず動いていて、あとで考えてみると、ライオンと言うよりか、大きな猫だな、と思った。

はじめてこの食堂に来たときに坐ったのが、彼の隣りだった。「ああ、あなたが日本から来た人ですか」と元気よく声をかけてきた。申し込みをするときの手紙のやりとりで、彼の名は知っていた。日本からわざわざこの会に出るために来たのかと、彼はまっ先に聞いた。二、三のやりとりがあった後、すでに食事の終わっていた彼は、立派な研究の出来ることを望む、というようなことを言って立ち上り、イギリス人にしてはわりにこちょこちょした足どりで、誰かの後を追って行った。

それっきり話しかけてくるということはなかったが、何か借りが出来たような気でいた私は、二度目の夕食の後で、遥か遠くの席にいた彼のところへ、日本から持って来た雑誌を持って出かけて行った。

「日本のSPRの機関誌です」

私はSPRの本家に敬意を表したつもりで、ほんの数ミリほどの厚さの雑誌を差し出した。(実際にSPRのセクレタリーのK嬢などは、そう呼んでいた)

クラーク先生はあまり嬉しくもないような顔で、表紙を眺め、ページをめくった。

「どのくらい会員がいるんですか」

日本語ばかり出てくるのに、すぐ関心を失ったと見えて、尋ねた。

「さあ……」

日本を出る前に一度行ってみたことがあるだけの私は、当てずっぽうに言った。

「二万人ぐらいじゃないですか」

「二万人?」

「いや、一万人かも。だいたいこれは推測なんですが、二万人から一万人の間だと思いますね」(あとで聞いたことだが、約四千人だということだった)

「日本のSPRは二万人会員がいるそうですよ」

クラーク先生は、さっきまで話していた筋向いの学者らしい男に言った。

「うらやましいですな。それだけいれば、かなり活動も出来るでしょう」

その男は愛想よく言った。

「われわれはいま、資金が無いために出来ないでいる、あるプロジェクトのことを話していたんです」

クラーク先生が自嘲をひびかせて言った。

「これは何ですか」

彼はたまたまひろげた一頁大の写真を私に示した。

「有名な英国の妖精じゃありませんか」

私は相手に花を持たせるつもりで言った。

それはコナン・ドイルが発表したコチングレー村の妖精であった。村の少女が森の中で妖精と遊ぶという話を聞いて、コナン・ドイルがスポンサーになり、写真を撮らせたものである。

「こんなものがどうしてここに出ているんです」

「紹介ですよ。日本では外国のことには特に興味を持ちますから」

私は彼の質問を誤解して答えた。

「これはほんとうに日本のSPRの雑誌なんですか」

「そうですよ」

「二万人の会員が読むね……」

私は少々様子がおかしいのに気がついた。彼の顔が、ほかの群れからまぎれ込んできた者を見る、意地悪なライオンに見えた。

「でも、英国では有名な写真じゃないですか」

私は、繁みの中で花のリボンをつけた髪の長い少女が、ディズニーの漫画に出てくるような羽根の生えた妖精と、会話をしているように見える写真を眺めながら言った。

「あなたは信じますか」

私は口ごもった。

「非常に興味深いことじゃないですか」

「われわれには関係ないことですよ」

クラーク先生は雑誌を返してよこしながら言った。

私は混乱して自分の席へ戻った。なぜ「関係ないこと」なのだろう。自分の国の人間が撮った貴重な証拠写真ではないか。

その後、クラーク先生が話していた学者風の男といっしょになったときに、次のようなことを聞いた。

「コナン・ドイルはスピリチュアリストでしたからね」

初老の彼は、金属枠の眼鏡の中から、人のよさそうな眼を向けて、学生に教えるように言った。

「スピリチュアリストとSPRとは、昔から仲が悪かったんですよ」

不愉快な気持ちは翌朝まで続き、朝のレクチュアにはどうやら出たものの、昼食を食べた後は、まったく出る気を失ってしまった。

私は、それまで見る暇のなかった資料陳列室に行ってみることにした。

ホールには、ESPテストに使った、被験者である霊能者を隔離する白い大きな箱や、標的(ターゲット)を変化させる電気装置などが並んでいた。奥まった一段高いフロアーには、過去の歴史的な品物、たとえば、幽霊の手をパラフィン液に入れ、そのあと石膏を流して固めたという、いくつかの手型だとか、霊能者のダンカン夫人が胃から出してみせたという、肩掛ほどの大きさの布などが、ガラスのケースの中に入れてあった。

証拠物件というものは、想像力を掻き立てこそすれ、それが証明しようとするものとはかけ離れて見えることが多い。過去との繋がりというかすかなリアリティを圧倒する、多種多様のリアリティに包まれているからだろう。

ダンカン夫人の黄褐色に変色した布に、私は彼女の胃液を想像し、ますます気分が重くなって、陳列室を出た。

外は相変わらず冬と春とが追いつ追われつしているようなもどかしい天気で、いま降っていたと思うと、突然の薄洩れ日に雨脚が光りはじめ、鐘楼の上に青空の一片が見える間もなく、ふたたび強引な灰色の冬雲に掻き消されてゆく。

トリニティ・カレッジの獅子の紋章のある石門を出ると、狭い石畳の通りにはもう夕暮が忍び込んでいた。帽子を傘がわりにし、レインコートの襟を合わせた私は、道を横切って、少し行った先にある温かそうなコーヒー店に入った。

「ホワイト」と言うと、じょうろで水を注ぐように、いっぺんにミルクとコーヒーを、二つのポットから大きな茶碗に入れてくれる。馬の呑むコーヒーじゃあるまいし、と思いながらも、帽子をテーブルの上に置き、両手で茶碗を抱えて啜っていると、ともかくいくらか気持ちが落ち着いてくる。ガラス越しに見えるケンブリッジの街は、ただ陰気で、何も語りかけてはこない。これから先が不安になる。何だってこんな幽霊じみたところへ来たのだろう。いっそのこと、アメリカへでも行こうか、などと突拍子もないことを考えていると、ドアを開けて、見たことのある男が入って来た。

食事の後たいがい一人で、肖像画を相手に、静かにパイプをくゆらせていた中年の男である。その時と同じ孤独な雰囲気を、裾の長い昔風な外套に包んで入ってきた。

眼で挨拶すると、彼はコーヒーをもらってから、私のテーブルにやって来た。折り畳み式の仔羊(ラム)の帽子をとって、そっとテーブルに置くと、私と同じように、外套を着たまま椅子に腰を下した。ラクダの上等なもののようだが、遠くから気付かなかった汚れがかなりある。

「どうです。おもしろいですか」

少しくぐもったソフトな声で聞いてきた。

「ええ」なに気なしに答えると、

「何がおもしろいです」と突っ込んできた。

私はちょっとあわてて、スプーン曲げに五トンもの力が加わるとはおもしろいとか、いろいろな人と話をするのがおもしろいとか、いっしょうけんめい喋っていると、

「おもしろくないと、あなたの顔に書いてありますよ」

微笑を含んだ眼で言った。

ちょっととまどって、答える言葉に迷っていると、

「おもしろくなくて、あたりまえですよ。ぼくだってそうなんだから」

優しく言った。

「ほんとは霊界の話が聞きたいんです」

私は力を得て言った。

「誰もそんな話はしやしませんよ。誰れかやってごらんなさい。たちまち足をつかまれて、演壇から引きずり下ろされますから」

「どうしてです。ここは霊の話をしに来るところじゃないんですか」

彼は頭を振った。

「その反対ですよ。霊など無いということを、証明しようとして来ているんです」

かすかに皮肉な調子を響かせて言った。

私は信じられない顔をした。

「英国人には妙な癖がありましてね。何かの存在を証明しようとするときには、先ずそれが存在しないということを証明しようとするんです。それが不成功に終われば、目的が達せられる」

「……」

「われわれは警戒心が強いんです。インチキに引っかかりたくないという気持ちが先に立つ。無理もありません。心霊現象ほどインチキだらけだったものはないのですから。ついこの間まで、心霊研究に手を染めるのは危険なことだとされていたのです。逮捕された者も何人かいたくらいでしたから。最近ようやく変わってきたんですよ」

彼のパイプから上る煙の背後に、英国の心霊研究の姿がぼんやり見えてきたようだった。

「考えてごらんなさい。このSPRの大会がたった二回目だというのは、おかしいとは思いませんか。百年近い歴史をもつのにですよ」

私はうなずいた。それは自分も不思議に思っていたことだった。

「陳列室にあるダンカン夫人の布を見ましたか。彼女はあの布のために投獄されたのです。それをあらかじめ呑み込んでいたと証言した者がいたのです。心霊研究家がそう言ったのですよ。霊媒(ミディアム)たちはひどい目にあったものです。椅子に縛られたり、口にタオルを巻かれたりして実験されたあげく、嘘だ、インチキだと、言われたのですからね。それじゃ誰もやる気をなくします。ある新聞社などは、金を出して、いままでやったことは嘘だったという証言を書かせたくらいです。心霊研究の歴史は、霊媒たちの受難の歴史だったとも言えますよ」

パイプを片手に、低いが、熱のこもった声で、彼はさらに霊媒受難の話をいくつかした。私は、グラフや数字や、陳列室に置いてあった白いモダンな実験装置などに、いままでだまされていた気がした。

「グラフや数字は、それこそ一種の防衛機制（ディフエンス・メカニズム）のわけですね」

と、レクチュアのタイトルの言葉を思い浮べながら、声を上げると、

「しかし、最近は少しずつ流れが変わってきています。この会も、今度の会長になってから、だいぶ寛容になったようですしね。だからぼくも、ほとんど二十年ぶりに出て来たんですよ」

と相手は微笑した。

「それは幸運な一致でした」

と私は心から言った。

彼はこれからの私の計画などを尋ねた。

とくに計画など無いと答えると、紙ナプキンに何やら書いて渡してくれた。ロンドンにある二つの代表的な心霊研究機関の名前で、二つとも日本で名前を聞いてはいたが、こうやって現地であらためて聞いてみると、行ってみるべきだという確信が持てた。

彼は、最近はこういうところにもよい霊媒はいなくなりましたが、と、ちょっと考えていたが、この人を訪ねてごらんなさい、と、また一つ、名前と住所を書き加えた。ジョー・ベンジャミンという霊能者は、その後何回か訪ねて、一年間の滞在で忘れられない人物になる。

彼は、今度聞きたいレクチュアがあるから先に失礼する、と言って、立ち上ったが、自分の帽子をとるときに、私の帽子を褒めてくれた。それをかぶって歩いているのを見たときは、日本から来たとは思わなかった、と言った。自分も、昔そういう帽子をかぶっていたこともあったが、それは不幸な時代だった、とも言った。

そのことを聞きたかったが、悪い気がして黙っていると、いや、あなたにはその帽子はきっと幸せをもたらすでしょう、と言って、ちょっと会釈(えしゃく)して去っていった。あれほど親しく話し合ったにしては、まことにあっさりした別れだった。何かもの足りない気がしながら腰を下したとたんに、彼自身の名前を聞くのを忘れていたことに気が付いた。追いかけて聞こうかとも思ったが、名前を言わなかったのは事情があったのかもしれないと思い返した。また会えるだろうという気もあった。しかし、何となく不思議な人物である。「不幸な時代」と言ったが、あのとき戦争と直観したけれども、ひょっとすると……などと考えているうちに、ふと頭に浮んだのは、彼は霊媒(ミディアム)ではないか、ということだった。霊媒のことをよく知っているし、あれほど熱をこめて話したではないか。「不幸な時代」とは、霊媒として迫害を受けた時代ではなかったのか。しかし戦争で奥さんに別れたり、子供が死んだりしたということだってあるかもしれない。まあいい。霊媒として、英国にいられなくなって、ロシアに行った。当時はペテルブルグと言っていたのだろう。ロシア最大の国際都市。そこであの帽子をかぶっていた。いや彼はロシア人だったかもしれない。ロシアには霊能者が多いからな。革命で迫害され、英国へ来た……。

私は外へ出ようとして、もう少しで帽子を忘れそうになった。冷たい霧の流れる石畳の歩道に立って、帽子を頭に載せながら、このおかげであの人に会うことが出来たのだなという考えが、ふと浮かんだ。私はその考えを帽子の中にしっかりと包みこみ、すべてがおぼろになった霧の中へ、歩いていった。

騒霊の家

SPRの国際大会第二日目の晩、ケンブリッジのディヴィニティ・スクールの中の講演会場には、いつものレクチュアの時とは違って、くつろいだ中にも何かを期待する浮き浮きした雰囲気が漂っていた。昼間見ると不愛想でわびしい周囲の黒ずんだ灰色の石の壁も、高い天井からの裸電球の光に照らされて、どことなく沈んだ華やかさをそえていた。これから、今大会の呼びものとも言える「エンフィールド・ポルターガイスト（騒霊）」についてのシンポジウムが始まろうとしているのだった。くつろいだ雰囲気は、夕食後はじめての集まりというせいもあった。大食堂でのローストビーフとシェリーを楽しんできた人たちは、食後の歓談の続きを煙草の煙を立ち昇らせながら、あちこちの座席で交わし合っていた。

若い司会者が二人の講師の紹介を終えると、まっ先に壇に上ったのは、ずんぐりと小柄で頭の禿げ上った、刈り込んだ鼻下の髭がスコッチ縞のツイードの服とよく似合う、モーリス・グロスという中年の男だった。学者の講義のような一本調子ではなく、聴衆の反応を意識しながら、ときには微笑を浮べ、響きのいいバリトンで話す姿には、世間馴れした実務家のおもかげがあり、私の頭にすぐに浮んだのは、シャーロック・ホームズの相手役で、実直で人はよく実行力はあるが、あまり俊敏とは言えない、医者のワトソン博士だった。しかし紹介によれば「発明家」ということで、どういう職業かわからぬながらも、おそらく一種のビジネスマンであろう。SPRの「異常現象調査担当委員」で、学者の多い委員の中ではめずらしい存在である。

モーリス・グロス氏が「エンフィールド・ポルターガイスト」の調査の依頼を受けたのは、八カ月ほど前、一九七七年八月初旬だった。彼は現地を視察した後、委員会に報告し、委員たちの協力を求めたが、積極的に応じたのはガイ・プレイフェアと言う、ブラジルの心霊現象を調査して本を書いている著述家一人だけだったという。この二人が協力してひんぱんに現地を訪れ、ポルターガイストの出す音を録音したり、それに伴う諸現象を観察したり、ケンブリッジ大学から借りてきたビデオテープレコーダーとカメラを使って、二人が不在のときに起こる現象を記録しようと試みたり、また、末期に起こった声の現象を録音したりした。

現象は最盛期は過ぎたものの、この発表のときまでまだ続いており、普通三カ月から半年という騒霊現象の期間を上まわる長いもので、テープにとった時間が百四十時間に及んだという。グロス氏が誇らしげに言うところによれば、これほど長く録音された騒霊現象はいままでに無かったということだ。今夜はその中から約一時間ほどに編集した部分と、声の現象を録画したビデオテープを、経過報告の後で公開する予定になっていた。

事件の経過は次のようなものだった。

一九七七年七月下旬に、ロンドン北東部のエンフィールド地区にある一軒のカウンスル・ハウスで、異様な物音がし始めた。

カウンスル・ハウスというのは、低所得者向きの公営住宅である。といっても、我が国の団地を想像するとちょっと違っていて、建物の種類はいろいろあるようだが、エンフィールドのは、イギリスで一般に見られる「セミ・ディタッチド」と呼ばれる、二階建の家が二軒合わさったものであった。家の構造は、ポルターガイストの場合、かなり重要な問題を提供するのである。

ここに住んでいたのはH夫人と四人の子供たちだった。夫人は離婚していて、当時四十七歳。子供たちは、長女のマーガレットが十三歳、ジャネットが十一歳、長男ジョニー十歳、末の男の子のビリーが七歳で、女の子たちはいずれも初潮を見ており、ことにジャネットは経験したばかりだった。H夫人にはてんかんの経歴があり、長男のジョニーは言語障害、末の男の子のビリーは精神に障害があるらしく（グロス氏ははっきり言わなかったが）特別の施設に入っているとのことだった。

このような家族の精神構造の異常さは、騒霊現象と密接な関係があると言われる。ことにいろいろな現象がそのまわりに起こり易い台風の中心のような存在があって、今度の場合は次女のジャネットがそれだったが、彼女が初潮を体験したばかりということは注目すべきことだということだった。

七月三十一日の晩に、かなり大がかりな騒霊現象が起こった。壁をこつこつ叩くような音、ドアを強くノックするような音、誰かが歩き廻るような音、ドアが開いたり閉ったりするような音、家具の一部が動いたり倒れたりするような音が、二階の誰もいない寝室から、いままでとは違った強さで聞こえてきた。行ってみると、物音は止んだが、家具の位置が変わっていた。家族はおびえて、みな一階のパーラー（居間）に集まり、家中明かりをつけて寝た。

翌朝、隣の家の者に聞いてみたが、誰もそんな物音を立てた者はいないということだった。「セミ・ディタッチド」で二軒合わさっているので、隣の家の物音ということも、あり得ないことではなかったのだ。

隣の主人がたまたま大工だったので、屋根に上ったり、天井裏に入ったりして調べてくれたが、どこにも異状は見出されなかった。奇怪な音と出来事は、しかし、日を追うにつれてますます激しくなった。H夫人は警察に連絡したが、警官が来ても手の下しようが無く、眼の前で椅子がひとりでにひっくり返るのを見て、調書に書くことぐらいのことしか出来なかった。しかしこれは現象の有力な物的証拠にはなると、グロス氏は強調した。

物音のほかにもいろいろなことが起こった。本棚の本が飛んできて、ドアに当たって落ちたり、誰も寝たはずのないベッドが乱れていたりした。ことにジャネットの周辺に集中的に起こり、彼女が寝ていると、枕が頭の下から抜けて飛んだり、シーツがあっという間に引き抜かれたり、彼女自身がベッドからほうり出され、すんでのところで階段から転り落ちるというようなことまであった。また自分のベッドに寝たはずなのに、翌朝眼を覚ましましたら、隣の家のベッドの上だったこともあった。またある朝は、H家の前の道を通りかかったパン屋が、ふと二階のジャネットの部屋の窓を見ると、寝巻を着たジャネットが水平に浮かんでいるのを見たということも報告されているそうである。

そのほかジャネットは、階段を上ってゆくぼんやりした人間の半身像を見ているし、H夫人も、壁の上に現れた光球や、キッチンの床の上に水溜りの幻影を見ている。これらはポルターガイストにつきものの典型的な現象なのだそうである。

警察のほかにも、H夫人はいくつかの手を打った。市役所に連絡して調査に来てもらったり、牧師に頼んで祈ってもらったりしたが、何の効果もあらわれなかった。その頃、隣の家の人が、新聞社に連絡してみてはどうか、と言った。「この時までH家の者は新聞社に連絡しようとは思っていなかったのであります」とグロス氏が念を押して言ったときに、会衆は笑い、グロス氏もつられて笑ったが、この笑いの中にはなかなか複雑な意味が含まれていたようで、英国人がどのような眼で、H家ばかりでなく、グロス氏をも見ていたかということを、あとで思い当たることになったのである。

H夫人が電話した「デイリー・ミラー」という大衆紙から、記者とカメラマンが取材に来たが、部屋の隅から玩具の「レゴ」の何片かが飛んで来たり、写したフィルムを現像してみると、細かい穴がいくつもあいていて使いものにならなかったりした。記者たちはそこで、こういうことの専門家がいるということをH夫人に教えた。それが「SPR」であり、グロス氏の出番となったのである。

グロス氏がエンフィールドに行ったのは八月八日だから、ごく初期の頃である。彼は、ジャネットが安楽椅子に坐ったまま浮き上るのを目撃したし、ダンボールの箱をぶつけられたり(「誰によって」とは言えないが)、壁にかけてあった額が落ちて、すんでのところで頭に当たりそうになったこともあった。彼はプレイフェア氏と協力して、毎日のように調査を続けたが、テープレコーダーによる録音の方は何十巻にもなっていったものの、ビデオテープの方はほとんど成功しなかった。いちばん現象の起こりそうなジャネットの部屋に設置して、彼女が寝ながらでも操作出来るようにしたのだが、狙っていた

「空中浮揚(レヴィテーション)」や「物品移動(テレポーテーション)」などを写しとることは出来なかった。ビデオを設置すると、不思議なことに何も起こらなくなったり、せっかく起こっても、機械が異常な廻り方をして、テープがこんがらがってしまったりしたのである。

それでは、「騒霊(ポルターガイスト)」の出す音とはいったいどんなものなのだろうか。私たちはグロス氏の報告の後で、プレイフェア氏の解説と共に聞くことが出来たが、亡霊の出す音だからどれも低く陰にこもったものかと思うと、大違いで、コツ、コツ、コツと、規則正しくドアをノックする音から、夜中に「電報です」と言って乱打するのに似た激しいものまで、さまざまであった。強弱をつけて打ったり、はじめは強く、終りはだんだんと弱くなって消えてゆくというのもあり、亡霊の方もいろいろ工夫しているのではないかという気がした。

テープにはＨ家の子供たちの悲鳴や、それをなだめる母親の緊迫した声などもまじっていて、聴衆は耳をそば立てた。とくにテレビの娯楽番組の放送中に、椅子や家具が倒れたり飛んだりして、それまで楽しんで見ていた家族が騒然となった部分は、バックグラウンド・ミュージックの効果もあって、劇的と言うか、気の毒と言うか、滑稽と言うか、ちょっと形容しがたいものだった。

録音の中のハイライトと言うべきものは、声の現象だった。

十二月の末、この事件が始まってから約五カ月ほどたった頃に、やはり中心人物であるジャネットの喉から、奇妙な声が洩れはじめた。テープで聞いたところでは、人間の声というより、犬か何かの動物の苦しげなうめき声に似ていた。思うように声が出ないので苦しがっているというふうにも聞こえた。グロス氏の解説では、騒霊現象で出る声の場合、たいがい最初はこういうふうになるのだということだった。

グロス氏は声に向かっていろいろなことを問いかけ、誘導していった。

「おまえはだれだ」と聞くと、つぶれた唸るような声が返ってくる。「ジョン」とも「ジム」とも、ただの唸り声のようにも聞える。

「モーリス・グロスと言ってみろ」と注文する。何回か言わせるうちに、どうやらそれらしくなってくる。「ジョン・ベロフ」とか「アニタ・グレゴリー」とか、違った名前を言わせてみる。だんだん区別して言えるようになってくる。そこでまた、「おまえはだれだ」と聞く。

しかし答はいつも同じだとは限らない。声はいつも短い言葉を、ぶっきら棒な調子でしか言わない。自分のほんとうの名前を忘れたのか、あるいは質問者をからかっているのか。出てくるのはみな男の名前だが、しゃがれ声は老婆のようである。

「いつ死んだのか」と聞くと、

「五十年前」と言う。

「どこから出て来たのか」と聞くと、

「墓場から」と答えた。

聴衆はみな笑った。あまりにきまり文句ではあったが、日本人なら笑わないだろうと思った。

「何のために出て来たのか」とグロス氏が続ける。声は答えずに、いままで喋ったことを繰り返す。

「ジョン・ベロフ。アニタ・グレゴリー。五十年。墓場……」

「きみはぼくと遊戯(プレイ)をしているのか」とグロス氏が言う。

突然何か固いもの同士が当たった音がして、グロス氏が狼狽(ろうばい)を笑いにまぎらした声が響く。

「いま段ボールの箱がぼくに投げつけられ、壁に当たって落ちました。部屋の隅にあった箱です……。これがきみの答えなんだな。そうだな……」

声は沈黙している。

「きみはここにいてはいけないということを知っているか」グロス氏の声。彼はもう一度繰り返す。

「出てゆけ」突然しゃがれた罵声がグロス氏に向って投げられる。「出てゆけ。出てゆけ。出てゆけ……」

この声は、やがて、ジャネットばかりでなく、マーガレットやジョニーからも出てくるようになった。語彙が貧しく、俗語が多く、これが死者の声だとすると、生前はよほど無教養な人間だったとしか思われない。

子供のいたずらではないかという懸念が、関係者の中にあり、ハステッド教授という心理学者が現地に行って調査した。ジャネットの口に水を含ませ、唇をテープで貼って、それでも声がでるかどうかを試したのである。その模様がビデオにとってあり、演壇の横に置かれたテレビに映された。水を含んでいるせいか、声はややくぐもっているが、「イエス」とか「ノー」とか言っているのがわかる。ハステッド教授は、喉が動いていないことを強調していたが、遠くから見たテレビの画面ではよくわからない。教授はむずかしい術語を使って、声を出すときに使われるはずの何とやら言う筋肉が動いていないことを説明した。このときの実験では「イエス」と「ノー」だけしか言わなかったが、これは水を含ませたせいかどうかはわからない。

報告の中では述べられなかったが、子供のいたずらかどうかを確かめるために腹話術師が会いに行ったことを、私は翌日の「デイリー・ミラー」を読んで知った。

どういう聞き方をしたのか知らないが、かなりきびしく問いつめていったのだろう。ジャネットはしまいに泣き出して、あれはみんなが驚くのがおもしろいので、わざとやったのだと言ったという。しかしその後で、前言を取り消したとも書いてあった。

報告の終ったのは十時近くだった。それからいつものように討論に入ったが、この大会中、これほど活気のある討論を聞いたのははじめてだった。眠そうな顔など見当たらず、寝ぼけたような電燈の光の中で、どの顔もみな生き生きと輝いて見えた。

二時間近くにわたって実際に見聞した圧倒的な証拠の前に、すっかり信ずる気になっていた私は、次から次へと出てくる質問が、みな疑問ばかりだったので驚いた。「アニタ・グレゴリー」「ジョン・ベロフ」など、グロス氏が奇怪な声との対話の中で名を使った高名な心理学者たち、グロス氏と同じ委員会のメンバーである者たちもその中にいた。騒霊の出す音や声に、素朴な驚きの声をあげていた婦人や老人などもかなりいたはずなのだが、誰も発言しなかったのは、こういう専門家たちの前で気おくれしたのだろう。

質問は主として、これらの現象が信憑（しんぴょう）性のあるものかどうかということに集中した。ベロフ氏は、H家の下の地質を調査したかと尋ねた。マンチェスターの近くで似たような現象があったが、調べてみると、その付近に多くある廃坑の中の地下水が原因だったことがあると言った。

声の現象についてはもっとも多くの疑問が投げかけられた。その一つは、声の使う語彙が貧弱で幼稚で、子供の使う俗語が混じっているところから、子供のいたずらだろうというものだった。ときどきグロス氏の冗談や子供の笑い声などが録音されていたことを取り上げて、グロス氏の誘導による作為的なものではないかと、聞きようによっては、子供とグルになっていると疑っているかのような発言まであった。

はじめは余裕のある態度で答えていたグロス氏もプレイフェア氏も、しだいに苛立ってくるのがわかった。

「こういう現象の可能性を信じないなら、どういうわけでこの会場に来ているのか、わたしにはそれこそ不可解だ」と、プレイフェア氏は自制の努力をありありと見せて言った。

多血質らしい赤ら顔のグロス氏は、答えるたびにますます血圧が高くなるようだった。

「この二千の現象のうち、たとえ一パーセントでも真実(ジェニュイン)であれば、この現象は真実であると言ってもよいではないか。私自身、一パーセント以上の現象を体験しているのだ」と、たまりかねて言ったが、「ではその真実の一パーセントとはどれとどれか」と聞かれて、言葉に詰まった。言ったところで、そうでないと言われれば、どうやって反論出来るだろう。

「それでは皆さん、もう十一時を過ぎましたので、この後はどうかバーの方でお続け下さい」

という司会者の声を聞いて、ほっとした者も多かったにちがいない。

バーは大学の構内にあった。トリニティ・カレッジの四角い壁のような建物に囲まれた広大な夜空の下の内庭を横切ってゆくと、向い側の建物の地下にあった。磨滅して足をすべらせそうな石の階段を下りてゆくと、狭い穴蔵に入ってゆく。昔から勉強の疲れをいやしに、学生たちが毎晩ここにたむろしに来たのだろう。頑丈な古めかしい木のテーブルや椅子などに、バイロンとかキーツとかいう名前が彫りつけてあるかもしれなかった。

注文したシェリーのグラスを手にして、周囲を見廻しながら、さっきの討論の続きが始まるのを待ったが、狭い二間続きのバーのあちこちにたむろして歓談している人の群は、いっこうに動きそうもなかった。学問研究の場と社交娯楽の場とは、はっきりケジメをつけるのが英国流なのだろう。自分もどこかのグループの話に加わろうかと、グラスを片手に人々の間をすり抜けてゆくと、隣の部屋の片隅に腰を下し、学生らしい若者たちに囲まれて、上機嫌な様子で話しているモーリス・グロス氏の姿が眼に入った。話題の中心といったところらしい。若者たちの好奇心に溢（あふ）れた質問に元気よく答えている様子は、さっきまでの演壇の上での憤然と身構えた態度とは打って変わって、後輩に囲まれてごきげんな先輩といった感じだった。

私がエンフィールドに連れていってもらうことを思いついたのは、この時だった。若者との話が一段落するのを待って、思い切って頼んでみた。彼はちょっとためらった様子を見せたが、上機嫌な態度を崩さずにこう言った。

「いまも若い者に頼まれたんだけど、断ったんですよ。むこうの家族のこともあるので、好奇心だけでゆくのはまずいんでね……」それから彼は今言ったことを大急ぎで修正するように言った。「しかし、あなたならいいでしょう」彼は私をあらためて見直すと、「しかし現象はほとんどおさまっているから、あまり期待してはだめですよ。それでよかったら連れていってあげましょう。そのうち電話をください」

私がポケットからあわただしく紙片を探し出して渡すと、グロス氏は電話番号を書いてよこした。

私ならどうしていいのか。自分の黒い髪のこと、平たい顔のこと、細く開いて内まで見通すことが出来ないように見えるに違いない眼のことなどを、大切な財産のように思い浮かべながら、私は紙片を大事に手帳に挟んで、胸のポケットに入れた。

グロス氏に再び会ったのは、それから約一カ月後の午後、ロンドンの北にある地下鉄の駅の出口だった。

彼はイギリス人の好きなカーキ色のダットサンに乗ってやって来た。助手席に乗ろうとするときに、後の座席にソニーのビデオテープレコーダーが置いてあるのが眼に入った。

「いまもう一つポルターガイストがあってね」と、彼はロンドンの北の方の場所の名前を口にした。

どこかで奇妙な音が聞こえるという情報が耳に入ると、こうやって機械を積んで駆けつけるのだろうかと、赤茶色のちょび髭を生やした彼の横顔を眺めながら、私は微笑を洩らしそうになった。「発明家（インヴェンター）」という、空想と機械とのまじった職業が、いかにもこの人物にふさわしい気がする。

「今度はずいぶんテープをとりましたね」と言うと、彼は大きくうなずいて、

「記録するのは大事なことですよ」と、眼の前に続く小さいガーデン付きの二軒続き住宅（セミ・デイタッチド・ハウス）の列に向って、強い調子で言った。「テープばかりとってどうするんだという人間もいるが、ぼくはそうは思わない。いままでの心霊研究にいちばん欠けていたのが、科学的なデータです。そりゃ今度のは不完全なものが多いかもしれないが、無駄をしなければ本当（ジェニュイン）のものも集まりませんよ。エンフィールドのは全部で二百時間は超すでし

ょう。これだけ記録されたポルターガイストは史上初めてです」

「第二のハイズヴィルになりますかね」

「それは時代も違うし、情況も違うからね」

私は次の言葉を待ったが、グロス氏は前を睨(にら)んで口をつぐんだままだった。彼の言葉の先を私は考え続けた。テープレコーダーも、ビデオもなく、心霊研究家さえもいなかった、ハイズヴィル事件が、あれほど重要な意味を持ち得たのは何であったか。あの時も家には二人の娘たちがいて、年齢もエンフィールドの場合とほとんど変わらなかった。その中の一人の名前までも同じだ。あの時は死者との交信に成功し、その結果までも確かめることが出来た。べつにビデオにとっておいたわけではないが、人々はそれを信じた。今度は二百時間近いエレクトロニクスの最新鋭機械による記録がある。しかし人々は信じない。百年前、人々の信じたもの、いや、信じようとしたものは、何だったのだろうか。その時信じられたものが、何故いま信じられなくなってきているのだろう。記録とは何か。心霊研究とは何だろうか。

私たちの車は、一見してあまり豊かでない人々が住んでいると思える地域に入ってきた。いままでと同じような二軒続き(セミ・デイタッチド)の家が並んでいるが、全体に粗末な感じで、壁に汚れや割れ目が眼につく。家の前の庭に花も少なく、雑草の生い茂るままにしてあるところも多い。

グロス氏は車を道路脇に止め、並んでいる侘しげな家の一つに入っていった。私も緊張して従った。前に見たことのある心霊映画が頭をかすめた。霊の住む家に入るのははじめてである。一時の思い付きから訪ねてみたいとは思ったものの、実を言うと、ひそかな怖れを抱いていた。騒霊現象が下火になったとは言え、霊がいなくなったわけではあるまい。悪い霊だったらどうなるだろう。凶霊は人間の考えの及ばないほど奸智にたけていて、あらゆる隙を狙って人間の魂を滅ぼそうとする、とスエーデンボルグで読んだことがある。まさか心霊映画に出てくるようなおそろしいことは起こらないだろうが、浮かばれない霊が救いを求めてとりついてくるということはあるかもしれない。それに自分のような俄か仕立ての心霊研究家が行けば、霊は腹を立てて、追い出しにかかるかもしれない。霊は見通しだから、私の心の中にある物見高い好奇心を見抜いて、罰しようとするかもしれない。

そういう考えがずっとわだかまっていたのだが、それに対して私は一つの解答を用意していた。禅の公案に「幽霊の済度」というのがある。私のは日曜ごとに坐禅に行く日曜禅だが、或日この公案を与えられた。

「もし幽霊が『うらめしやあ』と言って出てきたらどうする」というのである。

「室内の事」は門外不出だから、解答――禅では見所（けんじょ）と言うが――はここには書かない。だが、このぐらいは言ってもいいだろう。要するに幽霊の身になってやることである。幽霊のつらさを理解してやるのである。

とは言っても、イギリスの幽霊に禅が通ずるかどうか心もとないことだ。またそんなことぐらいでおとなしくなるような幽霊ばかりならよいが、中には凶悪無残な奴もいるにちがいない。なまじっかな同情などすれば、たちまちつけ込まれて、あの世行きにならないともかぎらない。「幽霊の身になってやる」と言っても、そんなことの出来るのは、悟りを開いた高僧ぐらいなものだろう。実際に眼の前に幽霊が出たら、こっちの方が助けて下さいと、震え出すのが関の山ではないか。そんな考えが、朝から出たり引っ込んだりしていたのである。

玄関のホールに続くパーラー（居間）は、壁に大きな子供のいたずら描きがそのままにしてあったり、壁紙が破れていたりして、家の外観とそう変わらない投げやりな貧しい感じだった。思いがけぬたくさんの人間がそこにいた。Ｈ夫人とマーガレット、ジャネットの二人の娘、男の子のジョニー、それに大人が三人、隣家の主婦のメリーなにがしと、ジョン某というＨ夫人の弟とその妻である。

ジョンさんは茶のスーツにネクタイ姿、婦人たちもそれぞれ装身具などをつけて、よそ行きの支度に見えた。私は何か家族の集まりでもあったかと思ったが、みなの話から、すぐに、私たちのために集まったのだということがわかった。

私が立ったままでいると、グロス氏が私に「坐れ」と合図をして、まっ先に大きな安楽椅子に腰を下したので、皆を立たせておいて坐るのはちょっと気がひけたが、私もその隣の椅子に腰かけた。私たちが坐ると、ほかの大人たちも腰を下した。どうも、日本の学者が訪ねてくる、というふうにでもなっているらしかった。

H夫人がビスケットと紅茶を運んで来た。夫人にしても、ほかの家族や大人たちにしても、私が来たことをめいわくに思っている様子などなく、それどころか、事情をよく説明しようと意気込んでいるようなところさえあった。事実、隣の主人やジョン夫妻などは、そのために呼ばれたらしかった。

小柄な体を古めかしいダブルに包んだジョンさんは、ことに熱心だった。立ち上って、身振りを交えながら、あるとき居間の中央に立っていると、強い力で一回転されたということや、ジャネットが階段を上ってゆく途中、片足を上げたまま動けなくなってしまい、いくら手を引っぱっても動かすことが出来なかったことなどを話した。

メリーさんは、安楽椅子に坐ったまま数インチ浮き上った話や、椅子のひじ掛けの上に置いた灰皿が、火のついた煙草を載せたまま、天井近くまで上ってゆき、また下りてきて床に着陸した話などをした。煙草が前と同じ位置にあり、煙を立てていたという話に、現実感があった。

この二人の話しぶりは楽しそうですらあったが、H夫人のはさすがに深刻な調子を帯びていた。彼女は最近また壁の上に光球を見たと怯えた声で言った。「それは外の光の反射だよ」とグロス氏が、問題にせずに言うと、「でも怖ろしいです」と、肥った体をちぢめた。

ジャネットは安楽椅子の上に脚を折ってすっぽり入った恰好で、楽しそうに周囲を眺めていた。何といっても彼女がいなければ、この事件は起こらなかったに違いない。ぱっちりとした眼、はきはきした口ぶり、敏捷な動作などが、この子の中に湧き出しているエネルギーの一端を示していた。

「怖くはないの」と私が聞くと、

「最初は怖かったけれど、もう怖くない」という返事。

「現象が起こるときに、何か感ずるか」という問いには、首を振った。すべて無意識に起こる。彼女がスーパーに行くと、通りかかった棚の上の商品が知らぬ間に移動したりする。「それは困るだろう」と聞くと、にこにこしている。べつに困っている様子もない。日本なら変な眼で見られ、村八分にされるところだろうが、この国ではそうでもないらしい。

ジャネットと話しているうちに、さっきまであった緊張感はほとんど消えていった。あれほど身構えてこの家に入って来たことが恥ずかしくさえあった。彼女が持って来て見せてくれた切手帳を眺め、伯父さんのくれたという日本の切手が、実は日本の切手ではなく、日本占領時代の「昭南」つまりシンガポールの軍政切手だということや、それは非常に値打ちのあるものだから大事にしなさい、というような話をしているうちに、私は「騒霊の家」に来ているのだということも忘れかけていた。

そのとき変な声がした。切手の話をしている私の耳に、最初それは入らなかった。喉がつぶれたような低いしゃがれ声に気づいて、ひょいと眼をやった私は、あっと思った。床の上で後ろ向きになって俯向いて坐っているジョニーから聞こえてくるのだ。何を言っているのかはわからない。グロス氏の方を見ると、「それ、出たろう」というようにうなずいた。

「何て言ったんです」小声で聞くと、ジョニーが振り向いて、にやっと笑った。いままで大人の話などには振り向きもせず、玩具をいじっていたジョニーである。言語障害だと聞いていたこともあって、気にもとめていなかったのに、こちらのことを承知しているようなので、気味が悪かった。

「ジャパニーズ」という言葉が聞こえた。

私は緊張した。

H夫人が早口に何か言った。

しゃがれ声が言い返した。

「肥っちょめ」という言葉が聞こえたように思えたが、何か卑猥な冗談でも言ったらしい。周囲の者たちの笑い声から想像できた。H夫人のボールのようなお尻が急いでキッチンへ隠れるのが見えた。

H夫人をはじめここにいる者は、グロス氏をのぞいて、みなひどいコクニーを話すので、ちょっと早口になると、何を言っているのかわからなくなる。たぶんH夫人は、「お客に失礼なことを言わないでよ」とでも言ったのだろうと、私は想像した。

すると、更に奇妙なことが起こった。

しゃがれ声が今度は、四メートルほど離れたところに、いままで黙って坐っていたマーガレットから聞こえてきたのだ。と言うと、必ずしも正確ではない。マーガレットの顔の少し前の空中から、と言った方がよいかもしれない。マーガレットはただにこにこ笑っているだけなのである。

「日本人は好きだ」今度はわりによくわかった。

「ジャネットは好きだ」声は続けた。

「ジョニーは好きだ」

「ジョンは好きだ」

「メリーは好きだ」

「グロスは嫌いだ」

グロス氏は「おお」と大げさな身ぶりをした。みんな笑った。

「どうしてぼくが嫌いなんだ」

グロス氏は半分真顔で聞いた。

「出てゆけ」声は突然調子を変えた。「出てゆけ。出てゆけ。出てゆけ」

「きみは論理的に答えられないと、いつでも『出てゆけ』と言う」

グロス氏は憮然として答えた。

「出てゆけ。出てゆけ。出てゆけ。出てゆけ」

「いやだ」グロス氏は腕組みをして、ふてくされた顔をした。「ぼくはここが好きなんだ」

笑い声がまた起こった。

「おまえは何者だ」

声はたちまちもとのジョニーへ戻った。

「ここにいるのは何のためだ」

今度はマーガレット。

「ぼくの教えたことばかり言う」グロス氏が口を挟むと、またみんな笑った。

声はしばらく空中を鬼火のように飛び交いながら、同じ言葉を繰り返したり、ときにはぶつぶつわけのわからぬことを言ったりした。私は一種の幻覚に似た奇妙な心地がした。私の中のもう一つの眼は、空中に明らかにもう一人の人物を見ていた。それは猿のように皺だらけの醜い白髪の老婆である。彼女は幸せそうではないが、さりとて不幸だと言えるほどでもない。まして、われわれが幽霊だというとすぐに想像する「うらめしやあ」という状態とは、だいぶ隔たっている。むしろ生きている人間の間に入って、会話の仲間になることを楽しんでいるような様子さえある。あるいはこの半年間、人間たちとつき合っているうちに、そういう気になってきたのかもしれない。

しかし何のために神の定めた境界を超えて、われわれの世界に顔を出そうという気になったのだろう。たまたまジャネットという天与の通路があったからなのか。それともただ孤独だからなのか。孤独にはある自己陶酔的なところがあって、そのため救いを求めようという気にはならないのかもしれぬ。いや、ひょっとするとこうやってこの世に出てきて、子供たちとたわむれることが、彼女の救いなのかもしれぬ。坊さんを呼んで祈るばかりが救いではあるまい。幽霊の身になってやるのが最良の方法なら、この子たちは知らず知らずに功徳（くどく）を施していることになる。

一方私の現実の眼の方は、三人の子供たちの、いかにも自分たちだけの秘密を楽しんでいるといった姿を眺めていた。大人の眼には見えないボールを投げ合って、大人たちの驚くさまを見てひそかな喜びを味わっている、と言えなくもなかった。内心の眼の素朴な驚きにもかかわらず、現実の眼の方は、意地悪く子供たちの喉の動きに注意していた。距離があるためよくわからなかったが、動いているようにも、動いていないようにも見えた。私の耳はべつべつな子供から聞える声の質の違いを聞き分けようとしたが、それは不可能だった。三人が同じ声を出すように、子供たちが集まって練習するなどということがあり得るだろうか。

グロス氏が「帰ろう」と言い出したときに、私は宙ぶらりんな気持ちのまま立ち上らなければならなかった。

私はジャネットと握手し、本当（ジェニュイン）の日本の切手を送ってやることを約束した。彼女たちに「さようなら」を言いながら、何か言い足りない気がして、声の聞こえていた空間の一点にむかって、もう一度「さようなら」と言った。

「思いがけない歓迎だったですな」車を運転しながらグロス氏が言った。「ここしばらく、声は出なかったんですよ」

「子供はお客を喜びますからね。それが霊に感じたんでしょうか」

「子供たちの喉を見ましたか。あれは本物ですよ。子供のいたずらなんかじゃありません」

グロス氏は「出てゆけ」と言われたことなど意に介していないようだった。

「あれが霊の働きだったとしたら、何かの意志表示なんでしょうかね」

「『霊』であるかどうかはまだわかりませんね」グロス氏は慎重に言った。

「過去の人間の声が電磁波的印象として残っていて、それが子供たちのエネルギーによって増幅され再生されるという説もあります。まあ何かの存在ではあるでしょうがね」

グロス氏は超心理学者(パラサイコロジスト)たちがよく使う「存在(エンティティ)」という言葉を使った。

「単なる物理現象なら救いということも必要ないわけですね」

「まだ単なる物理現象と断定したわけじゃありません」グロス氏は暗くなりかかったロンドンの街を睨んで言った。「霊媒(ミディアム)も呼んだし、牧師も呼びました。彼等は極めて漠然としたことしか言わないんです。少なくとも、我々はもう少し具体的なデータを必要としますからね」

私は黙って、夜の靄（もや）の中ににじみ出している街の灯を眺めた。それは宙にさまよう多くの霊のように見えた。

「しかしＨ夫人はだいぶ変わりましたよ」グロス氏はちょっと語調を変えて言った。「彼女は宗教に関心をもつようになってきました。もっとも彼女の場合は恐怖心によるところが大きいようですがね」

「子供たちはどうですか。彼等こそ宗教に目覚めるもっともよい機会が与えられているのではありませんか。いや、宗教そのものの中に生きていると言えるかもしれませんね」

「子供たちですか」グロス氏はちょっと皮肉に笑って言った。「自分たちが有名になってきたことを、だいぶ意識するようになったようですね」

車はやがて、前に待ち合わせた地下鉄の駅の入口に来た。

どこかのパブで一杯やりながら、もう少し話でも、と、彼をねぎらいたい気持ちもあって、言うと、グロス氏は顔をほころばせかけたが、

「遅くならないうちに、もう一軒行かなきゃならないんでね」

ビデオテープレコーダーを積んだカーキ色のダットサンは、たちまち街の灯の奥の暗がりへとまぎれ込んでいった。

「心霊研究家って何です」

自分の中に重くおりのようにたまってゆく疑問をかかえながら、石畳特有の固い歩道の上に立って、私はグロス氏の消えた後の車の雑踏を眺めていた。

ブリスキー先生

「信ずる、というのはどういうことです。あなた方は何でもすぐ信じたがるでしょう。ちょっと二階でへんな音がすると、ポルターガイストだと思ったり、テープでそれらしい音を聴いただけで信じてしまう。信ずる、というのはいったいどういうことか考えたことがありますか」

そう言ってブリスキー先生はわれわれを見渡す。ロンドンの南郊外、リッチモンドという古い町（タウン）のはずれにある成人大学（アダルト・カレッジ）の二階の小ぢんまりとした教室。戦前からある建物の内部はすっかり白ペンキが塗ってあって、高い窓から射す朝の光に、どこかちぐはぐな油じみた明るさをいっぱいにみなぎらせている。調整不可能なスチーム暖房が、しゃにむに温度を上げ続ける部屋の中には、毛皮の外套やマフラーを横に山と積み上げた十四、五人の中年や年とった婦人たちが、腕組みをしたり、ボールペンを握ったりして、ブリスキー先生に注目している。また自分たちがブリスキー先生の知的優越感の恰好の目標となって、数分間先生を楽しませるだろうということに対する身構えの気配が、いくつかの表情に浮かんでいる。ブリスキー先生はそんなことにはおかまいなく、いや、それを斜めに見ながら、むしろ楽しげに話し続ける。小柄で、イタリヤ葡萄酒の罎のように腰まわりが膨張し、スカートが下に向いたラッパのように開いている、博士号をもった猫背の老女（といっても、ほんとうはまだ五十代だろう）。ときどき手を後ろに廻して、はずれそうなスカートのホックを気にしながら話し続けるが、授業が始まって三カ月もたつのに、スカートを取り換えてきたことがない。モスグリーンの厚い荒織りのツイード。同じく体にぴったりしたジャージィのダーク・グリーンのブラウスも、毎週年齢とは不釣合いに大きい乳房を包んで現れる。手入れをすることなどあまりなさそうな乱れた胡麻塩の髪。黒く長い三角の帽子をかぶり、箒に乗って空を飛ぶ方がどんなに似つかわしいかと、つい思いたくなるが、冷静で薄笑いを含んだ淡い藍色の眼の下のよく動く薄い唇の間からは、驚くほど豊富な言葉が、教科書の文章のように整然とほとばしり出るのである。

「信ずるということは、判断の一形式であります。判断とは提示された事実に対する心の態度であって、その事実を是認または否定するか、受容または拒否する際に生ずるものであります」

十四、五本の腕が暗示にかけられたようにいっせいにペンを走らせる。

「願望、要請、疑問、あるいは感慨等は、したがって判断とは言えません。ところがいかに多くのこの種の似非判断が、正真の判断としてまかり通っているでしょう」

ブリスキー女史は「みんなおぼえがあるでしょう」というように教室を見廻す。

「わたしたちが正しい判断による信念だと思っているものが、単なる願望や感慨である場合が多いのです。わたしたちは信念がどういうふうにして形成されるかを知らねばなりません」ブリスキー先生はそこで一人一人に探るような眼を注ぐ。「それでは信念はどういうふうにして形成されますか。誰か？」


この質問に挑戦しようとする大胆な人物は、なかなか出てこない。やっと一人が、先生の視線に負けて、おずおずした声で、

「考えることによって」と言う。

「それから」先生の遠慮会釈ない声が追及する。そして、生徒が口を開けようともがいているのを尻目に、ブリスキー先生は、

「知覚(パーセプション)、観察(オブザーベーション)、記憶(メモリー)、想像(イマジネーション)……」と、たちまち十ほどの心理学用語を挙げてゆく。


私の家の近くの町の成人大学で、「超心理学(パラサイコロジー)」の講座があることを知ったのは、たまたま手芸のクラスをとろうとして妻が持って帰った、カリキュラムのカタログを見てであった。もうこんなに一般化しているのかと、普通の大学に講座さえもあるかどうかわからない我が国のことを考えて、さすが心霊研究の国だと感心し、帰国までの半年間、学生にも

どって勉強してみようと思い立ったのである。もちろん「超心理」を勉強するつもりでいたのだ。ところが、講義が始まった最初の日に、ブリスキー先生は、「超心理学（パラサイコロジー）というのは、心理学（サイコロジー）が終わってからやることなんですよ。だが皆さんは心理学の何たるかも知らない。およそどんな学問にもその学問をする方法論（メソドロジイ）というものがあります。心理学も科学の一部門であるからには、科学的方法論（メソドロジイ）というものが基礎になっています。あなた方はこの一番基本的な訓練さえも受けていない。どうですか。科学的方法論というのはどういうことです」と言い、それ以後すっかりお馴染みになったやり方で、学校よりは町でショッピングしている方が似つかわしく見える生徒たちの顔を眺め廻した。

「それは、観察（オヴザーベーション）と、実験（エクスペリメント）と、証明（エヴィデンス）です。これを通過しない限り、あなた方の好きなどんな異常現象も、科学的真実にはならないのですよ」

　生徒たちは一言も言わなかったが、私同様失望していただろうことは想像するに難くない。その中には霊視能力があることを自慢げに話す婦人もいたし、幽霊の住む知人の家の話をする者もいた。また、死んだ大作曲家の霊の導きで作曲し、演奏やレコーディングをしているローズマリー・ブラウンや、過去の大画家の画法と寸分違わない描き方で、極めて短時間に絵を仕上げるマシュゥ・マニングなどは、よくわれわれの話題に上った。その頃はまた、キリストの遺体を包んだ痕跡が残っているという「ツーリンの聖屍衣」が世間の関心を集め、われわれもその記録映画について論じ合った。年金暮らしの未亡人や退職者、家事にあきたらない主婦などの集まりであるわれわれの中で、「科学的方法論（メソドロジイ）」が無視され、まったく話題に上らなかったのは当然だろう。

ここで「成人大学（アダルト・カレッジ）」とブリスキー先生のために言っておかなければならないことは、このリッチモンドの成人大学は、必ずしも老人対策や主婦の余暇利用のために出来ていたのではないということである。ブリスキー先生はロンドン大学から委託されたもう一つの「超心理学（パラサイコロジー）」のクラスをもっていて、そこでは大学入学受験資格がとれるようになっていた。晩の六時半から始まるそのクラスに来るのは、しかし、貧しげだが熱意に燃える、勤めを終えた若者たちばかりで、われわれの仲間の一人でも、その中で一カ月以上我慢することは出来ないだろうと思われた。（われわれのクラスの中の一人の婦人などは、彼女が言い出したある現象について、クラスで討論するから、もっとくわしい資料を集めてくるように、ブリスキー先生に言われたとき、家事が忙しいからと言って断ったくらいである）

成人大学の大部分のクラスが、こうした家事優先の教養講座であることは確かである。しかし、余計なことかもしれないが、ここでちょっと英国の成人教育について書いておきたい。英国では三人集まると学校を作ろうという話が出るということだが、おそらく英国の成人教育は世界一だろう。私は世界各国の教育事清を比較するデータを持っていないから、今言ったことは推測にすぎないが、たとえばアメリカでは、英国の成人大学(アダルト・カレッジ)に相当する「地域大学(コミューニテイ・カレッジ)」が活動するようになったのは、ここ十年ほどの間である。英国では第二次世界大戦後直ちに成人教育の立法が成立し、現在では五千ほどの「大学」が、地方自治体によって運営されている。その教課目は多彩で、ヨガ、編物、演劇から、ギリシャ哲学や今日の社会問題に至るまで、文化社会活動の広範囲にわたっている。半分以上が手工芸やスポーツで、申し込みと同時に満員になるのが多いのは、我が国の何とかカルチュア・センターの場合と似ているが、たとえばロンドン中心部の「大学」のように、大学の授業に似た課目が半分以上もあるところもある。身障者を対象とした教育をするのも特色で、何といっても社会事業としての性格が強く、三ポンド(約千五百円=昭和五十三年末為替相場、以下同じ)程度で週一回の講義を一学期聴くことが出来るし、二課目以上とると半額になるというところもある。その反面、講師は一課目一カ月十ポンド(約五千円)くらいの実に安い給料で教えているらしく、ブリスキー先生が毎回同じ服装で出てくるのは、英国人によく見かける古着愛好の精神からばかりではなさそうだった。

しかし彼等には、これも英国人特有の社会奉仕精神があるように思われ、たとえば校長のL女史は(年俸八千ポンド、約四百万円という、講師とは比較にならない地位にあるとは言え）学校中でいちばん忙しい事務員といった様子で飛び廻っていた。たまたま話をした時に、戦後、爆撃の被害からまだ回復しない頃、成人大学を作ろうとして、先ず家探しから始めなければならなかったという苦労話をしてくれた。彼女は、日本のような復興いちじるしい国が、成人教育の制度を持っていないことに、驚きを隠さず、私に、国に帰ったら、どんなに小さいクラスでもいいから始めるように、アドバイスしてくれた。以前、文部省の役人が視察に来たことがあるが、どうなっただろうかとも言っていた。こういう話を聞くと、「三人集まれば、学校を作ろうと言い出す」英国人気質がわかる気がする。

さて、ブリスキー先生は、いろいろな例を挙げて、われわれの判断がいかに間違い易いかということを繰り返し説明したが（その中には、夜中に寝室の壁に映った木の葉を洩れる月の光を、霊現象の光球ではないかと錯覚しそうになった、先生自身の体験もあった）、我々を科学的に再教育することは時間が許さないし、また我々にもその気はないということがわかっているので、なにかクラスで討議の対象になるようなものを、有志の者が持ち寄ったらどうかと提案した。

それに応じたのがM夫人と私だった。私はSPRのシンポジウムで発表された「エンフィールド・ポルターガイスト」の録音テープを持って来ましょうかと、クラスの後で先生に申し出た。すぐに手を挙げて言わなかったのは、ブリスキー先生の反応に自信がなかったからである。だが、先生は、意外なほど喜んだ。SPRのことは講義の中でも、SPRのテープだということが、ことに喜ばせたようだった。SPRのことは講義の中でも、「もし皆さんが何か異常現象を体験したとか、目撃したとかいうことがあったら、すぐにSPRに連絡するといいですよ。SPRが調査し、事実と認めてくれれば、これはホンモノです」というような調子で言っていた。先生は、私がケンブリッジの大会に出たことにかなりの関心を示し、自分もそういう会に出たいのだが、授業が忙しくてどうしても出られなくてね、と、わたしの顔を訴えるように見上げた。そのときの資料をもし持っていたら、コピーしたいから是非貸してくれないか、と言うので、勿論私は、喜んで持って来ます、と答えた。

テープを持ってくるのは、授業の進み具合によって、改めて指示があることになっていたが、指示のある前に、M夫人が予告なしに別のテープを持って来た。M夫人は自分に霊能があると――しかもそうとうな霊能があると――信じている人で、ときどきクラスをまごつかせるようなことを言ったり、したりする。持って来たテープは「ラウディヴ・ヴォイス」で、ラトヴィア人の心理学者であるラウディヴという人が、テープの録音中ときどき原因不明の声が入るという事実（スエーデンの学者の発表）を知って、自分も組織的に声（ヴォイス）を集めて編集した。その市販されている一部であった。その声は必ず名前を告げ、質問に応じて答らしいものも言うというので、死者の声であるとされ、死者との交信に画期的な一時期を開くものであると、一部の者から注目されていた。

　ブリスキー先生はこの予定外の申し出に、あまり気乗りのしない様子だったが、長くなければいいという条件で、時間を割くことに同意した。

　声は、夜空を走る流星のように早く、テープを引っかいた傷のように不明瞭に、どれも瞬時に起こって消えた。あれは名前です、とか、これはこういうことを言っているのですとか、M夫人がいろいろ註釈を付けるのだが、ほとんど聞きとれない。

「もういいでしょう」

　ブリスキー先生が口を挟む。

「どうです皆さん。意見は」

　よくわからない、というようなざわめきがあって、とまどい顔の生徒たちに、

「電波障害ということもあるかもしれないですよ」先生はそっけない調子で言う。「エレクトロニクスの専門家だったら何と言うでしょうかね。空中にはわれわれの知らない、じつにさまざまな電波が走っているにちがいないですよ」

　それで意見は出つくしたことになり、不服そうにテープを片付けるM夫人をよそに、授業は進んでいった。

私は、日本からはるばる持ってきたラジオカセットレコーダーを先生の机の上に置いて、内容の説明をするという栄誉を与えられた（M夫人の場合は自分の席から呼ばれなかった）。私はM夫人の轍を踏まずに、どうしたら音を明瞭に聞かせることが出来るかと、レコーダーの下に、反響を避けるため、ノートを敷いたり外したりした後、テープを廻しはじめた。

テープは全部で二時間ほどなのを、四十分ぐらいにはしょって聞かせた（授業は一時間半で、最初四十分ほどたつと、一階のラウンジへティーを飲みに行き、また二階へ戻って、残り三十分ほど前半の問題について討論することになっていた）。

ラップの音（叩音）がはじまると、生徒たちは耳をそば立てた。テレビの音にまじって家具の倒れる音が響き、子供たちの悲鳴が聞えると、眼に見えぬ身ぶるいのようなものがクラスの中を走ったのが感じられた。

しゃがれた奇妙な声に対する反応はまちまちだった。幼稚で野卑な言い方に、顔をしかめる婦人もいたし、侮辱するように笑う者もいた。総じて、シンポジウムで直接、報告とテープを聞いた会衆よりも、ずっと冷静で批判的であるように思えたが、これは当然なことだっただろう。

「どうです。信じられますか」

これが、中休みの「ティー」から帰って来た後で、ブリスキー先生が最初に尋ねた言葉だった。

「信じられます」とすぐに答えることは、日頃ブリスキー先生が口をすっぱくして説いている「超心理学徒（パラサイコロジスト）」の理想像にふさわしくないということは、誰にも明らかな聞き方だった。

「わたしは信じます」

M夫人が昂然と言った。

「ずいぶんリアルに聞えますけど……」

いつも品のいい昔風の帽子をかぶってくる中年の婦人が言った。

「これだけでは私は信じられません」

朝の片付けもそこそこに、髪の手入れも十分にするひまもなしに出て来たように見える若い主婦が言った。

「どういう点で？」ブリスキー先生がうながすように見た。

「科学的ではありませんもの。ただ事実らしいものを並べているだけで、それが分析されてもいず、証明されてもいませんから。音がしたときの家の情況や家族の状態などが述べられていません。指や膝の骨を鳴らして、叩音を作り出したと言われた霊媒だっていたんですから。家具を引っくり返すことぐらい簡単でしょう。声のことは吹き出したくなるくらいです。子供の俗語そっくりじゃありませんか」

「その通り」ブリスキー先生はうなずいて、「発表の方法に科学性がないんです。これでは興味本位と言われてもしかたがありません。SPRがこんなものをやるとはおどろきですね」

「しかしこれはシンポジウムですからね」

私は抗議した。そんなことは最初からわかっていたはずではないか。

「単に事件を報告しただけですよ」

「シンポジウムはいつあったんですか」

ブリスキー女史は疑わしげな眼を私に向けた。

「二日目の晩、です」

「ほかのレクチュアといっしょですか」

「いいえ。夕食後です」

「夕食後ですね」ブリスキー先生は、そうだろうというようにうなずいた。「つまり食後の座興にやったということですね。皆さん」彼女はクラスを見渡して、「食後にやったということは、SPRがこれをほかのレクチュアと同列に見なしていなかったということです。SPRはコミットしてはいないのです。わたしもそうだろうと思いました。SPRがこのようなものを認めるはずがない。これは一つのショーだったんです」

私はあっけにとられて彼女を眺めていた。彼女は法廷弁護士のように堂々として、自信に満ちて、嬉しそうですらあった。何のために彼女はテープを聞かせてくれと言ったのだろうか。まさかクラスの前で俎上（そじょう）にあげて、法廷弁論を楽しむためだったのではあるまい。しかし、その勝ちほこった表情を眺めていると、どうしてもそういう気がしてくるのだった。

翌週の授業のとき、彼女は投写機を使って次のようにスクリーンに映してみせた。

「正しい科学的報告とは次のようにすべきものです」

一、実験又は調査の目的。
　先ず仮説を述べる。たとえば、「この現象は現存するこれこれの科学上の法則によっては説明されない」等々。

二、方法（メソドロジイ）の説明。
　たとえば、「実話の蒐集」、「地質学的方法」其他。

三、蒐集されたデータを示す。

データの分析を忘れてはならない。

四、使用された器具類の説明。

たとえば「超高周波ビーム」等。

効果テストの結果を示すこと。

五、実験又は調査の結果。

六、結論。

このことがあってから、M夫人が私に好意を示すようになった。明らかにブリスキー先生を意識していて、私も同じように被害者意識を抱いていると思っているようだった。ティー・タイムにラウンジで話しているときなど、

「後ろを振り向いてはダメよ。いまブリスキー先生が通るから。私たちの方を睨んで行ったわ」などと言った。

ティー・タイムには私を相手に話をするのを好み、自分の家族の上に起こった霊現象風な出来事を話した。たとえば、台所の水道が故障して困っていると、偶然水道工事人がやって来て直してくれた。帰っていった後で、言い忘れたことを思い出して、すぐ外へ出てみたが、どこにも人影が見えない。そう言えば、自動車のエンジンの音も聞こえなかっ

た、というような話である。

こういう話をクラスのほかの者にすると、私にもこういうことがあった、という調子で次ぎ次ぎと話が出て、なかなか自分の番に戻ってこなくなる。ところが私は黙って最後まで聞くし、合の手を入れたり、質問までする。M夫人に言わせると、彼女は英国人には壁を感ずるが、東洋人にはなぜか心が通じ易い気がするということだった。

私としては、M夫人の好意は嬉しくもあるが、そうかと言って、ブリスキー先生を敵に廻すつもりはないし、まして英国人と張り合うつもりなど毛頭ない。ただM夫人にはある不安定な魅力があって、それが一方では周囲との関係の中で、はらはらさせると共に、ひょっとしたら、彼女が主張するような霊的なものを持つ人間に特有のものかもしれない、と思われるのだった。

（いちばん印象に残ったのは、しかしながら、彼女のことではなく、娘さんのことだった。娘さんは二十歳ぐらいで、彼女の言うところによると、だんだん霊的な傾向が強くなってきているが、そうなるのをいやがっているという。夜、ベッドの傍に霧のようなものが立ちこめはじめたので、気味が悪くなってM夫人のいるベッド・ルームに逃げて来た。もう少し辛棒していたら、物質化現象か何か見られたのにと、夫人は惜しそうに語った）

M夫人が或る日、占ってあげよう（I will give you a sitting.）と言い出したとき、私はかなり彼女に期待した。ひょっとすると記録するに足る実験になるかもしれない、と思った私は、カセットレコーダーとカメラを持って来た。「誰にでもやってあげるというものじゃない。あなたならうまくゆく気がする」と、彼女は自信ありげだった。

その朝、授業の始まる三十分前に教室に来たM夫人と私とは、カセットレコーダーをセットして横に置き、向き合って坐った。時計とか指環とか、何か長いこと身につけているものを貸してほしいと言うので、腕時計を渡すと、M夫人は片手にそれを握り、眼をつぶった。私は先ず一枚写真を撮った。

二人のやりとりは次のようであった。

「馬の首に手を廻し、たづなを握っている男が見えるが、おぼえがある?」

「知りません」

「長い腕をした男が、その腕を振ってみせている。ひょっとすると腕が悪いのかもしれない。おぼえがある?」

「知りません」

「ある男が板で本棚のようなものを作っている。『本の虫』という言葉が聞える」

「それは私のアメリカの友人かもしれない」

そんな調子でしばらく続いた後、彼女は突然言った。

「殺人」

私がびっくりして黙っていると、彼女は続けて言った。

「『殺人』という声が宙に聞えたわ」

「アメリカの友人のことかナ。原因不明の死に方をしているんだけど……」

私はおずおずと言った。

「わたしの言ったことを裏付けてくださってありがとう」

M夫人はあっさりと次へ移っていった。

「法医学」

アメリカの友人は三十日以上にわたる原因不明の熱を出して死んだ。「ワイル氏病」という病名は一応ついているが、医者の誤診という見方が強い。それがどうして「殺人」なのか。だいいち、私の時計を握っているのに、どうしてアメリカの友人のことばかり出てくるのだろう。

そんなことを考えていると、たてつけの悪いドアが、大きな音と共に開くのが聞えた。振り返ってみると、ブリスキー先生だった。あわただしい足どりで教壇に近づくと、

「ああ、ここにも無かった」

机の上に一瞥を与えてから、われわれの方にちょっと奇妙な笑顔を向け、

「わたしたち、実験しているところですの」M夫人がすばやく言うと、

「探し物なのよ」

「時間外に教室を使う時は届け出なければいけませんよ」

まるで、狙っていたかのように言うと、またさっさと、大きな音を立ててドアを開け、出て行った。

「朝早くから探し物なんておかしいじゃない」M夫人は憤然として言った。「しかも、今朝にかぎって」

たしかに、ブリスキー先生は、いままで時間の始まる前に来たことはなかった。

「あの人には霊能があるにちがいないわ。あの魔女めいた顔を見ていると、どうもそう思える」

霊能者同士のカンだろうか。私はM夫人の意見をおもしろいと思った。たしかに霊能者は昔から科学（化学）が大好きだったのだ。

授業時間になって、教室に入って来たブリスキー先生は、「ちょっと一言」と前置きして、厳粛な面持ちで、

「この頃、学校で心霊上の実験をしている人たちがいますが、禁止します。あなたがたにまだ実験は無理です。家庭で趣味としてやるのは、まあ、かまいませんが……。いずれ正

しい実験の方法を教えるまで、待って下さい」

そして、いつもの薄笑いを口の端に浮べた後、

「さあ、何か討論できる問題を持ってきましたか」

M夫人は、ブリスキー先生が何と言おうと、実験は成功だったと思っていた。「よかったわ。あなたに裏付けてもらうことが出来て」と何度も言ったが、裏付けることが出来たのは、彼女が言ったことの三割ほどで、それも「こういうことかもしれない」という程度に過ぎない。

私としてはM夫人の楽天的な意見に調子を合わせるわけにはゆかず、ときどき「殺人」という言葉を思い出して、不安な気持ちになった。彼女の霊能力をまったく信用しないことにすればよいが、将来私の上に起こる何事かを予知して言ったのではないという証拠は何もない。これは危険なことだ。ブリスキー先生が「実験」を止めたのは、妥当なことかも知れない、という気もした。

或る日私は、ケンジントンにあるSPRに本を探しに行きがてら、いつものように秘書のK嬢と雑談をしていたとき、クラスでポルターガイストのテープを聴かせた話をした。

するとK嬢は、

「ついでにグロス氏に、来て、話をしてもらったらどう」と言った。

「そんなこと引き受けますかね」と、乗り気になりながら、聞くと、

「引き受けますよ。モーリスなら喜んで」という話。

熟練した秘書らしく、K嬢はさっそく眼の前の受話器を取って呼び出してくれた。

ゆっくり考える余裕もなく、簡単に経過を説明して、来てくれるかどうか尋ねると、

「OK」という返事。いつ、どこへ行ったらいいかと、むこうも気が早い。一応ブリスキー先生に話す必要があるが、きっと喜ぶにちがいありません。次の授業か、その次の授業になるでしょうが、二、三十分話をしてもらって、ティー・タイムとなり、その後討論というのが今までの順序です。何時に地下鉄の駅まで迎えに行きます。というようなことまで話した。

K嬢に繰り返して礼を言い、私は軽い足どりでSPRの鉄の扉を押して、表へ出た。

その日は金曜日。次の「パラサイコロジー」の授業は月曜日である。今日はたまたまブリスキー先生のもう一つの授業が夕方あることを私は知っていた。「グッド・タイミング」私ははずんだ心で自分に言った。今日話すことが出来れば、月曜に間に合うかもしれない。「SPRのポルターガイストのテープがあります」と言ったときの、ブリスキー先生

の嬉しそうだった表情が浮んだ。テープの足りなかったところを、グロス氏がおぎなうだろう。何よりも、現場にいた人間が来て喋るということがすばらしい。私は、大きな期待を抱いた。

成人大学のあるリッチモンドは、ＳＰＲから私の家へ行く途中の、地下鉄の終点にある。学校に着いた頃、授業はすでに始まって二十分ぐらい経過していた。窓から覗くと、若い男女の学生二十人ほどが、狭い部屋いっぱいに、電燈の光を背に、かがみ込んで何か真剣に書いている。われわれの月曜の朝のクラスとはだいぶ様子が違う。ブリスキー先生も今まで見たことのない慎重な手つきで、投写機に資料を挿入している。

ガラス窓越しに、私は先生に階下のラウンジで待っているという合図を送ろうとしたが、ときどきこちらに顔を向ける彼女の表情に何の変化も起こらない。授業が終わるまでにはまだ一時間以上もある。それからでは、家に帰るバスの便が非常に悪くなり（ロンドンの郊外のバスの便の悪さは想像以上である）、外で待つ冬の寒さが思いやられるので、何とかしてティー・タイムに会いたい。しかし、このクラスにティー・タイムがあるだろうか。

私は、ときどき職員が連絡に私たちのクラスに入ってくるのを思い出して、思い切ってドアを開けて入って行った。机と机の間を通って行っても、誰も頭を上げる者はいない。

「授業中に入って来てはいけない」ブリスキー先生は、低いがしかし鋭い声で言った。

「ちょっと話したいことがあるんです。下のラウンジで待ってますから」そそくさと言うと、私はあわててくびすを返した。

十五、六分ほどたつと、ブリスキー先生は鎧戸を下したような表情で、ラウンジへ入って来た。後に続くクラスの者らしい人間は、誰もいなかった。

コーヒーをすすめたのを断って、私の説明を、床の一点を眺めながら聞いていたブリスキー先生は、私が言い終わると、首を振った。誰か外から来て話をする場合には、事務局の許可を得なければならない、と言う。それぐらいのことなら、と言いかけた私に、授業が遅れていて、そういう特別プログラムを組む余裕は無いと言った。

しかし、何か討論する問題は無いかと、いつも生徒たちに聞いている以上、余裕が無いというのはおかしい、と私は思った。ほんの十分か二十分でも、ポルターガイスト調査の体験でも話してもらえば、たいへん有益だと思うが、と言うと、

「モーリス・グロスは何を喋りたいのです」

「喋りたいのではなく、喋ってもらうのです」

「言いたいことがあったら、先ず学校の許可を得てからにしてもらわなければ」

「彼が言いたいことがあるわけじゃありません。いや、言いたいことはあるでしょう」私

は言葉がもつれた。「しかし、今回は……」

「言いたいことが無ければ、どうして来るんです」

「だから、彼の意志で来るのではないと言っているのです。わたしたちが……」

「そんなに来て欲しければ、あなたの家で夕食に招待したらどうです」彼女は皮肉な眼で私を見た。

「そんな個人的なことを言ってるんじゃありません」

「モーリス・グロスとはいったい何者です」彼女は威丈高になって言った。「単なるレポーターじゃありませんか。趣味でポルターガイストのテープを集めているだけの、どこにでもいる素人心霊研究家じゃないですか」

「あなたは私の言うことを全然わかっていない」私は遂に大声を出した。あなたのような偏見に満ちた、学歴追従の、人間性に理解のない、えせ科学者は見たことがない。これがそのとき、もし言葉がうまく探せたら言いたかった、私の気持だった。

「グロス氏はわれわれのために忙しい時間を割いて、話しに来てくれると言っているのです。これは彼の厚意なんです。どうしてそれがわからないんです。わかろうとしないんです。こんな町外れの十人ばかりの人間たちに、自分とポルターガイストの宣伝に来たって、何になりますか」

そういうようなことを、私は、ブリスキー先生が何度か発言しようとするのを、その度に押さえるようにしながら、いろいろな言葉を探して喋った。喋っているうちに、これはひょっとすると極めて日本人的な発想かもしれない。話したいことがあるから話しに来るというのが、イギリス人本来の考えなのかもしれない、という漠然とした疑惑が頭をもたげてきた。

ブリスキー先生は眼をつぶって、じっとしていた。私が喋り終わると、眼を上げ、「私は疲れている」と、ぽつりと言った。「この夜のクラスはとても神経を使うんでね」彼女は指先で眼蓋を軽くこすり、「ほかのことを考えるのがむずかしい……」と、頭を振った。

「そろそろ戻らなければ……」と腰を浮かしながら、「その話、どうしても実現したければ、わたしのクラスではなく、事務局の方に話して下さい」

足が悪いのか、いつも片足を引きずった歩き方が、今夜はいっそう重そうで、また着てきたモスグリーンのスカートを、あひるのお尻のように揺りながら、廊下を曲って消えていった。

私はよっぽどクラスに出るのを止めようかと思ったが、もう二、三カ月先に帰国の日が迫っていたし、止めたらこっちの負けだという気もしたので、がまんして出ることにした。ときどき彼女は教壇の上から、「あなたのポルターガイスト」とか、「あなたの友達のモーリス・グロス」とか、「彼を夕食に招待するといい」とか、からかうように言い、私が下から睨み返すというようなことがあった。

相変らず彼女は、ポルターガイストを含めて、心霊現象を信ずる我々をからかい、批判し続けたが、それに馴れてくると、何となく私は親しみを覚えはじめるようになった。彼女の頑固さに対する、かすかながらも一種の賞讃の気持さえ芽生えはじめていた。

そして、ブリスキー先生が投写機を操作する合い間合い間に、こんなことを考えた。

自分はいままであまりに信じ易かったのではなかったろうか。現在信じていることの中で、どれだけを真実だと言い切ることが出来るだろう。事実と願望とを、どれだけ区別して認識しているだろう。正しい認識のための真剣な努力を払っているだろうか。単に自分の怠惰さが自分の好みの幻影を生み出しているにすぎないということはないか。

仏教でも「無明」は悪だと言う。正しい認識に到達することは、仏教の原理に矛盾するものでもない。私は今、英国の実証的懐疑精神に触れて、そのしたたかさに驚いているが、その驚きは私の怠惰から来ているのであって、真実に対する態度は、東西同じであるはずだ。

真実を手に入れるために、世界中の先人たちが命がけの努力をしてきたのだ。その努力をせずに、結果だけを気楽に受け入れるにすぎないなら、M夫人や、このクラスにいる噂好きな老人たちと変わりはなくなってしまう。

帰国する前に一応挨拶するつもりではいたが、何も言わずに消えてしまう方が気分はいいだろうという気もして、なかなか行く気になれずにいた。

或日の午後、私は校長のL夫人を探して、事務室に入って行った。ドアを開けたとたんに、しまった、と思った。こちらを向いて机の向うに坐っていたのは、ブリスキー先生だった。部屋を間違えたのである。

何か用か、と聞かれて、私はとっさに、別れの挨拶に来たのだ、と言ってしまった。それに間違いはなかったが、相手が違った。

意外なことに、ブリスキー先生の顔に、みるみる優しい表情が浮んだ。彼女は眼の前の椅子をすすめ、私の個人的なことがら——職業とか旅行の目的など——について、いろいろ質問しはじめた。

それに答えながら、私はもっと前に、ブリスキー先生と話し合っておけばよかったという気がしてきた。そして、ふと、彼女が「モーリス・グロスをディナーに招待したらどうか」と再三言ったのは、もちろん皮肉ではあったろうが、彼女の深層心理を反映した言葉ではなかったろうか、なぜ、「モーリス・グロス」の代りに「ヘレン・ブリスキー」を置いて考えてみなかったろう、と思った。

彼女は、自分の授業をどう思うか、と聞いた。

私は、信ずる方に傾き易い自分とは異質な英国的実証精神にふれて、有意義だったと思う、と言った。しかし、と、大きくうなずくブリスキー先生を見ながら、付け加えた。信仰と真実とは複雑に絡み合っていて、その両方を生かすことが出来る大きな立場に立たなければならないと思うが、先生の授業では、一方的であるように思う、それが不満です、と言った。

「あなたは私が、科学的な事実の背後にある世界を信じていないと思うんですか」

ブリスキー先生は微笑を含んだ眼で私をじっと見て言った。

「私だって信じているんですよ。教会へも行くし、自分でも信仰心は強いと思っています。でも、私は第一に科学者です」

彼女は両手を机の上に組んで、身を乗り出して言った。

「私には先ず真実を追究し、それを教える義務があります。もし私がクラスで、最初から信ずる態度をとったらどうなりますか。M夫人のように、そこいらじゅうのものを何でも信じようと待ち構えている人間たちに、どんな影響を与えると思います。あのクラスはそういう初歩の人間たちばかり集まっています。私は先ず解毒剤を与えるんです。あの人たちを徹底的に自己陶酔の夢から醒まさせる。先ず真実を知ることのきびしさを教えてやるんですよ」

「しかし、究極的には同じことじゃありませんか。最後に残るのは、信ずるか、信じないかの、選択だと思います。科学的に正確さをどこまでも追究するのは、かえって廻り道になることはありませんか」

「そんなことは絶対にありません」ブリスキー先生は「絶対に（アブソリユートリイ）」という言葉を威厳をもって発音した。「真実というのは、自分で見つけるものです。人から聞いたものや、本で読んだものをうのみにしたり、中途半端な頭で考え出したりするものではありません。厳密で正確であればこそ、確信が持てるんです。そうでなければ迷うだけです。クラスの人たちを見てごらんなさい。何を信じていますか。あっちへ行ったり、こっちへ行ったり、結局何も信じていないのと同じじゃありませんか」

「人によっては一生厳密な思考に堪えられない人がいると思います」私は、ひと昔前の帽子をかぶって、いつもにこにこしながら現れる婦人の、品のいい顔を思い浮べながら言った。「そういう人たちは死ぬまで真実の扉を開ける機会に恵まれないことになりますね」

「残念なことです」ブリスキー先生はきっぱり言って、ときどきクラスで見せる非情な眼をした。「しかしそれは大なり小なりわれわれ人間全体の運命ですよ。真実を発見できるという保証はないんです。ただ真実に向って努力するだけです。少なくとも科学者は、その努力に、普通の人間よりも執着すると言えるでしょうか。その過程でもし仆れたとしても、間違いを信じて暮すよりはましです。私はむしろそれを名誉なことだと思います」

そう言い切ったブリスキー先生の眼には、おそらく彼女が心理学者になろうとして勉強を始めた若い頃と同じ輝きがあるように見えた。

私が立ち上って帰りかけると、先生は私に手を伸べ、よく別れを言いに来てくれた、と言った。見送られて廊下へ出ながら、私は、もし最初に、別れを告げに来た相手はL校長だと真実を告げたら、ブリスキー先生はこれほど私を信じ、心を開いてくれただろうかと思った。

人間に役立つ真実とは何だろうか。私は、ブリスキー先生に本当のことを言わなかった後ろめたさと、言わなくてよかったという気持ちとの間に揺れながら、半年間通った学校を出た。

死者たちの演出家

ケンブリッジで走り書きした一枚の紙片を頼りに、ジョー・ベンジャミンの「デモンストレーション」を見に行ったのは、夏も過ぎ、九時頃までも明るかったロンドンの街が、急速に暗くなりはじめた頃だった。

アライアンス・ホールのある、ニュー・スコットランド・ヤード（ロンドン警察）の近くの街路は、バッキンガム宮殿の近くであるにもかかわらず、六時を過ぎると、地下鉄から出てくる人影もまばらで、石壁のように並ぶ建物の鉄の扉の奥の暗がりが、薄気味悪く感じられるほどだった。

しかし、歩道から薄暗い階段を下りて入ったアライアンス・ホールは、どこからこんなに集まったかと思うほど、人でいっぱいだった。電話帳を頼りに、住所を見つけ、更に地図で探し出して、辿(たど)りついた私は、半ば想像していたような秘密の会合ではなく、明るい顔で雑談している人たちを見つけて、何となくほっとした気になった。

入口で、ざるの中に五十ペンス銀貨を一枚入れると、傍に立っていた小柄な老婆から、十ペンスのお釣と共に、ジョー・ベンジャミンの写真入りのチラシと、楽譜と歌詞の印刷してある小冊子とを受け取った。チラシの方は持っていってもいいが、楽譜の方は帰るときに返してくれと、老婆はいつも喋り馴れて、うんざりしている調子で言った。

百五十人ほど収容のホールは、まだ十五分も前だというのに、ほとんど満員だったが、幸運にも、部屋を横断するまん中の通路に面して、空いている坐席を一つ見つけた。だが、やがてわかったことは、それは、心霊治療（スピリチュアル・ヒーリング）を受ける人たちが順番を待つための坐席で、先頭の人が呼ばれて席が空くたびに、次ぎ次ぎと移動してゆき、最後には向う側のドアに達するようになっていた。私は知らずに割り込んだことになったのだが、私の次の人は、イギリス人らしく、私の無礼を無視したわけだった。

ついでだから心霊治療を受けたが、これについてはいずれ別項で書きたいと思うので、省略して、間もなく始まった会のことを述べよう。

ちょっと煩瑣（はんさ）になるが、先ず式次第を書いておく。「式次第」とは大げさだが、これは一種の宗教的な要素をもった行事なのである。

ホールの正面の壇上に、先ず数人の男たちが並ぶ。中央の講壇の後ろに控えた男が、開会を告げ、短い挨拶を述べる。この人のことを「プレジデント」と言うらしいが、「会長」というよりは、言葉の本来の意味で「司会」ということなのだろう。ベンジャミンが出て来て「デモンストレーション」をやる間も、ずっと後ろに控えたままである。われわれはベンジャミンが目当てでくるのだから、余計な人間はなるべく舞台にいてくれないほうがいいと思うのだが、国会の議長(プレジデント)のように見下ろしているのである。やはり議会政治発祥の国だから、自然にそうなるのだろうか。だが、そのほか、向かって右手、オルガンの反対側の舞台の上に、始めから終わりまで椅子に坐ったきりの三人ほどの男たちが何者なのか、私にはついにわからなかった。

「プレジデント」は讃美歌の番号を指示し、われわれは入口で渡してもらったプリントを眺めながら歌う。それが終ると「プレジデント」は、恵まれない病める者たちのために念を送ってほしいと言って、われわれに黙禱(もくとう)させ、かなり長い名前のリストを読み上げる。これらは会衆が遠隔治療(ディスタント・ヒーリング)を頼んだ人たちである。そのあともう一度讃美歌を歌ってから、ベンジャミンを紹介するが、紹介の終わるまで待っていられないという様子のベンジャミンが、少々訛(なま)りのある早口で、いつの間にか喋りはじめているのである。

いちばんはじめに当てられた男のことは、最初だけあって、印象に残っている。舞台の上からベンジャミンは会衆の中の何人かを、一人ずつ当ててゆくのだが、最初私は、誰か知っている人間がいて話しかけているのかと思った。友達にでも話すような調子なのである。気がついてみたら、ベンジャミンは、工場労働者が背広を着て現れたという感じの筋肉質の骨張った男と、その男の家探しのことについて話し合っていた。こんな具合である。

「昨日あんたは、どこか郊外の方に出かけたね」ベンジャミンは両方の掌を開き、こめかみのあたりに付けた親指を軸に、象の耳のようにひろげ、霊界からの通信をキャッチするレーダーのような恰好で、言う。「いや、いや。場所の名前は言わなくていい。ぼくがいま言うから。待ってろよ……ああ、見える、見える。川のそばだ。近くに大きな工場がある。見覚えがあるねえ、ここは……ウォルサム……ウォルサムじゃないか……」

「ウッドフォードです」

「ウッドフォード。見たまえ、ウォルサム・フォレストからわずか三マイルだ。ぼくは昔あの辺に住んでいたことがあるから、よくわかる。ウッドフォード」

会衆の拍手。

「家が見えるよ。普通の二軒続き(セミ・デイタッチド・ハウス)の家だ。何をしに行ったんだい。訪問か」

「家探しです」

「家探し。なるほど。その家の後ろに墓地がある。そうだろう。墓地があったろう」

「覚えてません」

「今度行ったら、気を付けてごらん。きっとあるから。しかしあんたの探している家はその家じゃない。そうだろう」

「ええ」男は笑いながら答える。

「あんたは南の方にも行ったね。ハンズロー、トゥイックナム、テディントン……」

男はうなずく。

「だけど、あんたの家は南にはないよ。北だ。北の方に見つかる。ウォルサムあたりはいい。根気よく探しなさい。近いうちにとてもいい家が見つかる」

内容があまりに身近で俗なことなので、私は最初ちょっととまどった。会衆の中の顔見知りと、世間話でもしているのではないかと思ったのは、そのためでもある。死者の霊と霊界の話でもするのではないかというような期待があったのだろう。日本で考えていた霊能者、あるいは巫女(みこ)のような者とは、ぜんぜん違っていた。

しかし、死者と話をするのはベンジャミンの特技であることが、やがてわかった。死者の姿を見ながら、話をするのである。霊能者というと、霊がのり移って、その声が直接喉からひびいてくるというふうに思っていた私には、珍しかった。ベンジャミンは手を伸ばして、空間を指し、そこにこれこれこういう人物がいる、と言う。「ほら、いま通路をずっと歩いてゆく。そこへ行った。そこだ。後ろから三列目の青いネクタイをした紳士の隣に立っている。あなたですよ。あなたの隣に立っていますよ」という具合だ。そして、その霊の特徴を言ったり、その霊が自分に伝えた名前を告げたりする。

霊の訪問を受けた人は、必ずしもその霊を覚えているわけではない。亡くなった近親者ならわかるのだろうが、昔死んだ友人であったり、隣に住んでいた人であったり、あるいはまったく見当が付かなかったりする。しかし、幾つか劇的なこともあった。ある年輩の婦人の傍に若い女の霊が立ったときのことだ。ベンジャミンは「とても見てはいられないひどい様子だ」と、顔をそむけたいそぶりをした。婦人は、特徴を聞いて、それが自分の娘であることを認めた。ベンジャミンは、「暗闇の中で、頭が痛くなるようなひどい物音が頭上に聞こえる」と言い、それが地下鉄であることを当てた。その若い女は地下鉄に轢(ひ)かれて死んだのである。しかもその死は他殺であった。「彼女は犯人を見つけて、罰してもらいたいと思っている」とベンジャミンは言った。「しかし、見つからないでしょう。冥福を祈ってあげなさい」母親はうなずいたが、何に対してうなずいたのか自分でもわからなかったろう。彼女の方が亡霊になったような顔色をしていた。

明るい話もある。

ある老紳士の傍に老婦人の霊が行ったときだ。彼はそれが自分の亡くなった妻だろうと言った。するとベンジャミンは、自分にはよくわからないのだが、その老婦人はあなたに向かって、赤ん坊を差し出している、どういうわけだろう、と聞いた。老紳士はにっこりして、私はいま、娘が子供を産んだ病院から来たばかりのところだ、と答えた。盛んな拍手が起こったのは言うまでもない。

死者の霊の中で、もっともひんぱんに出て来たのは、ベンジャミンの母親であった。彼女は霊界から息子の「デモンストレーション」を援助しているのだった。陰の共同演出者である。

ときどきベンジャミンは、会衆の誰かに話しかけている最中に、横を向いて、耳に手を当てたり、かがんで覗き込むようにしたりすることがある。

「ママの話では、あなたのおばさんが二、三日後に訪ねて来るそうですよ」と報告したりする。

母親は生前、彼の言葉で言うと、「大霊能者」だったということである。

霊界からの情報を受信するほかに、ベンジャミンは自分でも情報を探して歩く。心霊研究用語で言う「幽体離脱 out-of-the body-experience」というものではないかと思うが、舞台の上で喋りまくっている彼を見ると、幽体が離脱した後では肉体は死んだようになっているという、心霊研究書などに出ている図などとは大違いで、芝居をやっているように見えかねない。

「いまぼくは、空を飛んでいる。飛行機の爆音が体に伝わってくる」と、拡げた両掌を耳のあたりにかざして、空中から下界を眺める様子をする。「海の上を飛んでいる。どこにいるのかな。ああ、陸が見えてきた。カナダだ。カナダの国旗が見える。あなたはカナダに行くことになるね」

そう言われたのは三十歳ぐらいの女で、ボーイフレンドがカナダにいて、文通しているのを認めた。

「あなたのボーイフレンドは腹黒い男だ。決して弱味を見せちゃいけないよ。こっちから行くなどと言ってはいけない。むこうから誘いのあるまで待つんだよ」などと、アドバイスもする。

ベンジャミンはこの「タイム・マシン」に乗って、私がカリフォルニアに行くことも当てた。そのときは、むこう一年間絶対安全、という保証まで付いていた。

奇妙だったのは、私の家に帰る道を予告した晩のことだった。その日私は、日本人の友人と二人で、彼の車で来ていて、帰りには送ってもらうことになっていた。ベンジャミンは、あなたがたは「キングストン通り」を通るだろう、と言った。何かのついでに言った言葉だったし（彼は次ぎ次ぎといろいろなことを言うので、何かのついでという感じで言うことが非常に多い）、リッチモンドに帰るには「リッチモンド通り」を行くのが道筋なので、「ははあ、ベンジャミンさん、思いつきで言ったな」と思った。

会の後、車がロンドン市街を抜け出して、暗い郊外の道を走っていたとき、友人が急に喋るのを止めて、「おかしいぞ、どうも道を間違えたらしい」と言った。外を見ると、暗くてよくはわからないが、いつも通る人家の中の道とは違って、公園の傍のようなところを走っている。やがて眼に入った標識は、「キングストン通り」だった。私も友人も、ベンジャミンに言われていたことなど忘れていたのだが、そのとき、顔を見合せたというわけだ。

このときも彼は、飛行機のときと同じに、道路を車で走ってゆく様子をした。

それからこういうこともあった。何の問題だったかは忘れたが、ある男の家の中を調べてみる必要が起こり、ベンジャミンは、自分はいまこうこういう家の入口に立っていると言い、ちょっと内を調べてみたいが、入ってもいいか、と、その男の承諾を求めた。

こういうことを見聞すると、未知の場所や出来事は、映像として彼の脳裏に映るのではなく、彼自身がそこに行って体験するのではないかと思えてくる。スエーデンボルグなどはみなそういうふうに書いているが、いわゆる「透視 clairvoyance」というのがみなそうであるかどうか、私にはわからない。

ベンジャミンは、そのほか、物体を手にしてその持主について語る、いわゆる「心霊鑑定（サイコメトリイ）」もするし、オーラ（人体を包むといわれる霊の光）を見ながら、そこに現れる色彩や形象によって、オーラの持主の運命を語ることも出来るようである。

「デモンストレーション」の最中に、彼はときどき相手の人間が、ポケットに手紙や写真をしのばせてあるのを当てた。それを取り出して、持って来させて、自分の手の上に載せ、その内容を当てたり、将来どうなるかということや、それについて忠告したりする。恋人からの手紙や、裁判の手紙などがあった。「最後にきみは勝つだろうが、きみの方からあんまりつっつかない方がいいよ」というようなことを言う。

オーラについては、「デモンストレーション」で、はっきり「オーラ」と言うことはなかったが、身体の病気の部分を指摘したり、手術の跡を当てたりしたので、これはオーラの色を見ながら言っていることだろうと思う。

『人間オーラの秘密』を書いたアーシュラ・ロバーツによれば、子供が生れてから九カ月から一年半ぐらいまでの間に、青い色のオーラが体の周囲を覆うようになり、病気になったりすると、その部分が灰色っぽくなるばかりでなく、全体の輝きも褪せてくる。このオーラは、ほかの色が現れるようになっても、体全体を包む色として一生残り、これを「健康のオーラ」と呼ぶのだと言っている。ロバーツは、これがほかの色のオーラと違って、体全体を覆っているところから、体をめぐる血液と何らかの関係があるのではないかと考えている。もっと細かく言うと、血液中の鉄分に影響されているのではないか。というのは、貧血症の子供の「健康オーラ」は色が薄く、鉄分を補給してやると青い色を増すからだ、ということである。

　こういうふうに書いてくると、ベンジャミンは実に易々と透視したり、未来を予知したり、過去を当てたりしているように思えるが、そういうふうに見えても、実は並々ならぬ努力を払っているらしい。その真剣さは、いちばんよく眼にあらわれている。冗談を言いながらも、眼は真剣である。私が連れて行った日本人の友人は、放送記者で、取材するつもりもあって、よく観察していたが、「眼がスゴイ、なり切っている眼ですね」と言っていた。狂人の眼と言ってもいいくらい、集中している眼であった。もちろん眼だけではない。「デモンストレーション」のほぼ一時間半の間、ベンジャミンの動きはダイナミックで、一瞬の弛緩もなく続く。彼が絶えず霊界からのヒントを求め続けていることは、いや、単に求めるだけではなく、求めることが可能な精神状態に自分を置こうと、絶えず努力していることは、彼の余裕綽々たる態度の背後からにじみ出ていた。

　喋るのは、新しい霊界のヒントを得るまでの時間つなぎの役割も果していた。愉快なことを喋りながら、眼はきょろきょろと必死に次の手がかりを探しているということがよくあった。新しい手がかりを見つけると、猛然とそれに飛びついてゆく。大げさに言うと、生死をかけた真剣勝負の場といった感じ。そして新たに得た手がかりに集中し、それが次の手がかりを生み、次ぎ次ぎと霊界の諸相を明かしてゆくまで、追求を止めない。ここにベンジャミンの技倆と経験と独立性があるのだろうと思う。凡庸な霊媒ならば、意味をなさなかったり、断片的でしかないヒントの中に、隠された意味を察し、更にそれを連鎖的なイメージへと発展させてゆくのだ。「三十五年間この仕事をやってきたんだ」とベンジャミンは何度か誇らしげに言った。この三十五年間に積み重ねてきた技術と自信のすべてを、一時間半の舞台の上で発揮しているのである。

彼の冗談の一つにこんなのがある。彼がまだこの仕事をはじめて間もない頃、イングランド南岸の保養地として知られたブライトンを訪れたことがあったが、たまたまある有名な霊能者の「デモンストレーション」があることを知って、観に行った。それが終わってから、若いベンジャミンはその霊能者に会って、霊能を開発するにはどうしたらよいかと尋ねた。すると彼女は、ロンドンにジョー・ベンジャミンという男がデモンストレーションをやっているから、その男に会いに行きなさいと言った。

これはベンジャミン一流の自己宣伝かもしれないし、あるいはその霊能者が相手をベンジャミンと見抜いて言った警句かもしれない。いずれにせよ、これを口にしたベンジャミンは自信満々であったことは間違いない。

ロンドンには霊能者たちの代表的な集団である「大英心霊主義者協会」、略称SAGBという歴史的な機関があり、ベンジャミンも若い頃ここに属していたことがあるが、彼は、「ベルグレイヴ広場(スクエア)の霊媒(ミディアム)共はみんな子供みたいなものだ」と言う。「ベルグレイヴ広場」というのは、SAGBのある、大公使館などが並んでいる一流街区のことである。「ベルグレイヴ広場」で働くことが出来れば、霊能者としては一応ハクが付いたことになるが、生計を立てるまでには到らない。名誉の代償として、霊能者たちはほとんど奉仕的に、協会のために働いているのである。と言うより、霊的な作業は金銭の対象にしてはならない、という不文律が、心霊関係者たちの中にはあるようである。だが、協会の事務長(セクレタリー)であるトーマス・ヨハンソン氏が私に語ったところによれば、このことについて不平を言う霊能者は一人もいないといっていいらしい。

ベンジャミンが協会をやめたのは、彼の一匹狼的な強い個性のほかに、こういった事情があったのではないかと思う。私がいた頃、彼は週二回、ロンドンの二カ所のホールで「デモンストレーション」を開き、その他の日は自分の家で個人相談(sitting)をやっていた(今年〈一九八〇年〉六月にもらった手紙では、ホールのうちの一つが、ロンドン市の開発計画のために閉鎖されたということである)。「デモンストレーション」によって一定の収入を得、生活を支えている霊能者は、英国でもこのジョー・ベンジャミンぐらいなものだろう。（と言っても、マシゥ・マニングや、ゴードン・ヒギンソンのような有能な霊能者がいないというわけではない）。霊能者の財政的地盤の弱さが、心霊主義運動のアキレス腱であっただけに、ベンジャミンの例は珍しいと言わなければならないし、またそれだけに、彼の能力と負担の大きさを示すものだろう。

だが、日本ならばマスコミの寵児（ちょうじ）になるほど成功しているにもかかわらず、ベンジャミンは金持ちだとは見えない。ありふれた二軒続きの家（セミ・デイタッチド・ハウス）の片側に住み、室内の調度も質素で、私が会ったときには、歯の治療費をまけさせた話をしていた。これだけで彼の財政状態を判断することは出来ないが、「デモンストレーション」の収入がすべて寄附（ドネイション）であるということ、たとえ半強制的であろうと、たかだか一人四十ペンス（当時約二百円）であるということは、彼の生活がそう潤沢（じゅんたく）な財政的基盤の上に立っているという印象を与えないのである。税金対策ということもあるだろうが、ここにはやはり、心霊的行為を金銭の対象と見ないという、伝統的な考え方が働いているように思える。

それだけに、彼にとって週二回の「デモンストレーション」は、生活を支える二本の柱であり、これを大事に守ってゆくことが最大の関心事であるにちがいない。彼が、「デモンストレーション」の最中に入って来た、席の見つからない客を、愛想よく、自分の立っているステージの横に、椅子を出させて坐らせたりするのも、単にお客を大事にするジェントルマンシップのあらわれだけではないだろう。

ホールで百人以上の客を相手にするのは、自分の家で一対一で話すのとは違った技術を要するに違いないが、ベンジャミンはこれを最大限に使って、観客に退屈させるいとまを与えない。観客の何割かは、常連とまでは言えないまでも、すでに何回か来たことのある人たちである。そういうことも、彼の計算の中に入っているにちがいない。あるとき彼は、私の住所、職業、将来の旅行計画について指摘し、観客の喝采を博したが、それは前に個人相談に行ったときに、彼が当てたことであった。もしそれが彼の記憶に残っていたものなら、一カ月以上も前のことを、しかも無数の人間についての同じような記憶の中から、よく思い出したものだと言わざるを得ない。あるいはその時新たに頭にひらめいたことかもしれない。そのどちらともたしかめることは出来ないのである。もしこれが三十五年の間に身につけたホールでの技術であるとすれば、その是非を論ずるよりも、むしろそれほどの長きにわたって観客を動員し続けた彼の技倆の卓抜さを賞讃すべきではないだろうか。三十五年間観客が瞞され続けるということはあり得ないのだから。事実、スコットランドやウェールズから、噂を聞いてやって来た客も何人かいたし、その人たちに対してベンジャミンは、何度も的確な指摘をしているのである。

「デモンストレーション」がどれほど肉体的、心理的負担になっているかということを、私と友人とは、或る晩、よく知ることが出来た。「デモンストレーション」を了えたベンジャミンは、約束してあったにもかかわらず、どうしてもインタビューに応じようとしなかったのである。

「今日は疲れていてだめだ」と、彼は繰り返して言った。

英国の放送局で借りた流行遅れの重い録音機械を背負ってきた友人は、五分でいいから、と喰い下ったが、彼は、もう一度来てくれと、頑として応じなかった。微笑は絶やさなかったが、明りの消えた窓のような、しらじらとした顔をしていた。前に、腎臓を片方とったことがあるということを聞いていたのと思い合わせて、この人は「デモンストレーション」をやるごとに、確実に命をすりへらしているなと思った。

車の中で、友人はベンジャミンを讃えた。

「第一人者の自負があるんですよ。自分のコンディションにおまえも合わせろ、というわけですね」

彼は、ベンジャミンの「デモンストレーション」には気迫があり、それがほかの「デモンストレーション」とは違うところだ、と言った。私も彼も、ほかの有名な霊能者の「デモンストレーション」を見に行き、もの足りない思いで帰って来たことがあった。

「なまじっかな芝居を見に行くより、ずっとおもしろい。人生そのもののドラマが展開するわけですからね。人間の中には隠そうと思っている部分がある。人間の持っているいちばん大切な部分です。それが、ベンジャミンという霊的な大演出家によって舞台にのせられ、明らかにされてゆく。しかも眼に見えない協力者がいて、この三者の間の緊張関係がドラマをもり立ててゆく。自己発見というのは、ドラマの永遠の主題じゃありませんか。しかも、この眼に見えないというところがいいですね。これこそはドラマの秘密そのものですよ」

闇の中に「キングストン通り」の標識がときどき現れては消えてゆくのを見送りながら、私は何度もうなずいた。

足の裏に刺さった楊子

「デモンストレーション」のほかに、霊能者たちは、「心霊相談」を行う。その「相談」に行ったときの個人的体験を中心にして書いてみようと思うが、その前に、「相談」のいくつかの特徴を記しておきたい。我が国での、「一件だけ」と、用件を言って聞く方法や、死者の憑依（ひょうい）による方法、あるいは「黙って坐れば、ぴたりと当たる」式のやり方とは、かなり違うのである。

私が行ったのは、「大英心霊主義者協会」（ＳＡＧＢ）に三回と、ジョー・ベンジャミンの許（もと）に二回だった。霊能者によって個人差はあるようだが、いずれも、「デモンストレーション」の個人版、と言うか、不特定多数相手ではなく、特定個人を相手とした「デモンストレーション」というところだった。最初に会った「ＳＡＧＢ」の女性霊能者は、主としてオーラを見ながら語ったが、ジョー・ベンジャミンは、オーラも見ていたようだが、死者を見ながら喋ったり、一種のインスピレーションのようなものにも、依っていたようである。死者が次ぎ次ぎと、湧き出すように現れて、止らない、という感じで喋っていた、女性霊能者もいた。

霊示を与えるやり方も、イギリス風である。「SAGB」には、個人対象と、グループ対象の、二種類の「心霊相談」'sitting'(これがもっとも一般的な言い方だが、「SAGB」では'appointment'とも言う)があって、日本人から見て変わっているのは、グループの方である。これは、一部屋の中に六人が、車坐に椅子に坐って、霊能者からの霊示を、十分ずつ順番に受けるのである。霊示だから、どんな個人的なことが飛び出すかわからない。日本人ならいやがると思うが、我々よりもプライバシーを尊重するはずのイギリス人が、とにかく黙って坐っているのは不思議であった。もっとも、これは、個人の一時間分の料金の六分の一ですむ、という長所がある。また、他人の秘密を聞けるという、楽しみもある(自分の秘密を犠牲にしてのことだが)。しかし、私が聞いたところでは、耳をそば立てて聞きたくなるような秘密など無かった。他人の秘密などというものは、だいたい退屈なものであるに違いない。

個人相手の'sitting'は、「SAGB」の場合、三十分と一時間の二種類があるが、ジョー・ベンジャミンの場合は、一時間の一種類だけであった。「グループ」などというものもない。だいたい、どこでも一時間が基本のようで、「SAGB」の三十分というのは、「霊能者による」と、案内書に書いてある。一時間分の料金を払えない来談者のための配慮であろう。といっても、そんなに高い料金ではない。会員、非会員等による違いはあるが、一人一時間で、二千円前後だった。ついでだから、言うと、霊能者の手取りは、五百円以下である。あとはみんな、協会に納めさせられてしまう。ジョー・ベンジャミンは、「協会」のどの「相談」霊能者よりも有名だが、「協会」の非会員料金よりも一ポンド安かったのは、それがみんな自分の収入になるためであろう。私が行ったときに、「数日前に、マーガレット王女が来た」と話していたが、王女も、一ポンド紙幣を四枚渡して入って来たのかと思うと、何となくほほえましい気持になる。

一時間の'sitting'の間、霊能者は、ひたすら喋り、来談者は、ひたすら聞く。前に「心霊相談」と書いたが、これは「相談」ではない。お互いに、どんな話が出てくるか、わからないのである。

「心霊研究協会」（SPR）が出した小さいパンフレットに、『心霊相談心得』'Hints on Sitting with Mediums'というのがあるが、来談者は出来るだけ話してはいけない、と書いてある。霊能者が質問してきた場合は、「イエス」とか「ノー」とかとだけ答えて、具体的な事実を与えてはならない、霊能者は、わずかなヒントで、隠れた多くの事柄を探り出す能力を持っているからだ。偽名や筆名を使ってもかまわない、とも書いてある。立派な霊能者なら、来談者のこうした態度を、当然のこととして受け入れるはずだと、そのパンフレットにはある。

霊能者は、一人一人の来談者によって、試されている、と言ってもいいかもしれない。料金を払って聞きに来るお客には、それぐらいのことをしてもあたりまえ、という合理精神があるのかもしれない。「デモンストレーション」の、あのサービス精神に通ずるものであろう。

ベンジャミンのように、年功を経た大ベテランが、なお、毎日試されているというのは、何となくわびしい気もするが、それは日本的な感傷であって、実力の世界では、それが当然という認識と、そこから生まれる尊敬とが、あるに違いない。何よりも感心するのは、霊能者たちの人間的なこと、庶民的な魅力であって、神に仕え、死者と交わる、特殊な人間、という感じはぜんぜんしないのである。

私がいちばんはじめに会った女性霊能者は、テクラ・カーンという、中近東出身の人のような名前をもち、実際、黒っぽい髪の、褐色に近い皮膚をした、中年の女性だったが、マーケットに買物に行くときのような質素なワンピースを着て現れ、話す言葉は、非常に明晰(めいせき)で、仮定法や、譲歩語をたくさん使う、ていねいな言い方だった。

ジョー・ベンジャミンは、さかんに自分のことを喋った。若い頃、ポーツマスで日本の軍艦が来たときに、訪問し、士官たちといっしょに食事をして、たいへん楽しかった、とか、セイコーの時計を、英国でいちばん初めに買って使ったのは自分だ、とか、その時計が壊れたときに、カリフォルニアの友人に、ついでのときに買って送ってくれと頼んだら、飛行機で東京へ行って、買ってきてくれたとか、将来、世界のベスト・スリーの国は、日本がナンバー・ワンで、米国がその次、三番目はアフリカあたりのどこかの国で、英国はもうダメ、とか、チャーチルは偉かった、サッチャーはお喋りが上手、というにすぎない、とか、ぼくの伝記を出すんなら、いつでも著作権はあげるよ、とか、ぼくも東京へ行って、テレビに出たいが、腎臓を片方取ったので、もう無理だ、とか、そんなタワイもない話が、私の家族のことや、将来の霊示の合間合間に、ぽんぽんと飛び出す。あまりいいことではないに違いないが、ベンジャミンも、未知の東洋から来た人間が相手では、なかなかインスピレーションを得難かったのだろう。これを彼のテクニックの一部と考えることも出来るが、それよりもまず、本人自身が喋りたくてたまらない、という調子で、喋っていたし、聞いている方も、自分についての霊示よりも、彼のお喋りの方が面白いくらいなのである。ジョー・ベンジャミンの、自負心や、名誉欲や、抜け目なさや、人の良さや、純真さまる出しの性格に、じかに触れる気がした。

霊能者の中には、使命感に燃えた、殉教者のような人とか、学者のように冷静な人とか、市井（しせい）にあっても、深山幽谷に住んでいる感じの人とか、入学試験の前の学生のように、絶えず勉強しようとするマジメ一方の人とか、いろいろあるに違いないが、ベンジャミンのように、聖と俗とのまじり合った性格を、さらけ出して生きてゆくというのも、霊能者にふさわしくないとは、言えないと思う。むしろ、安易にそれを隠そうとする偽善の方が、心の世界に生きる霊能者には、ふさわしくないだろう。

どういうものか、古来、大霊能者と言われる人物には、常識を超えた、性格のアンバランスな人間が多かったようである。私はたまたま、霊能者の歴史を読んだときに、古代や中世の高名な霊能者たちが、ほとんどみな、冒険家とか、大策略家とか、詐欺師まがいの人物であったのに、驚いたことがある。十九世紀の英国の大魔術師エドワード・クラウリーは、社会から爪はじきされた、性格破綻者だったし、心霊研究の歴史には欠かせないD・D・ヒュームにも、多少そういう傾向があった。我が国では出口王仁三郎(でぐちおにさぶろう)が、「怪物」と言われる性格の複雑さを持っていたことは周知の事実であろう。

英国という国は、保守的な国だと言われるが、相当な変わり者がいても、まわりではそ知らぬ顔をしている、というところがある。そして、お互い同士、相手をそうとうな変わり者だと認める。認めることによって、自分の変わり者であることを許す、というような心理的操作もするらしい。

「きみもぼくも変わり者だが、きみの方がもうちょっと変わり者だな」

というのが、親愛をあらわす一つの表現なのだと、ある友人から教わったことがある。だから、ときどき英国では、他の国では起こりそうもないような政治的スキャンダルや、先端的ファッションなどが、突然起こったり、流行したりする（プロヒューモ事件、ソープ自由党首事件、ミニスカートやパンク・ファッションの流行等）。

ジョー・ベンジャミンは、英国流に言えば、そういう意味で、ちっとも変わり者ではないのかもしれない。二軒続きの家（セミ・デイタッチド・ハウス）に住み、ろくな家具もない質素な部屋で、多少人とは違った才能を生かして、毎日几帳面（きちょうめん）に客に会い、かなり大言壮語はするが、客から大金を捲き上げるというわけではなく、週二回の「デモンストレーション」を三十五年間も、勤勉なサラリーマンのように勤め続け、税金の支払いには戦々恐々としている、ごく善良な一市民である。（もっとも、二軒続きの家（セミ・デイタッチド・ハウス）や、ろくに家具のない部屋、というのは、彼の生活の表面にすぎないのかどうかは、私にはわからない）それにしても、われわれ日本人から見ると、たしかに彼は、「変わり者」である。どこか矛盾した、おもしろ味というものがある。

次のエピソードは、見方によれば単純だが、案外深い意味を持っているのかもしれない。

それは、最初にベンジャミンの家を訪問したときだった。

彼の書斎のフロアのまん中あたりに、お互いに向き合って椅子に腰をかけ、彼は前かがみになって、両脇にぴたりと腕を付け、拳を軽く握って、その拳が、精神集中と共に上下に揺れたり、静かになったりしながら、霊示を続けていた。（もちろん、途中で冗談をとばしたりしながら）

始まってから三十分ほど過ぎた頃、彼は、私の亡くなった母親が来ている、と言った。そして、母親は、私がここに来る前に、ある女霊能者のところに行った、と告げていると言い、それは本当か、と聞いた。

「本当だ」と答えると、ベンジャミンは、

「それはどこだね」とさらに尋ね、

「ええと……ベルグレイヴ広場（スクエア）、○○○、○○○……」と、いくつかの場所の名を挙げた。

「ベルグレイヴ広場（スクエア）です」と「ＳＡＧＢ」に行ったことを告げると、

「そうだろうと思った」と、うなずいて、

「あんなところに行く必要はない。みんなぼくが教えてやった連中だ。子供みたいなものだよ。きみ、あんな連中のところに行っちゃダメだよ。ぼくのところに来給え。最高のことを教えてあげるから」と言った。

「そうですか（アイ・シー）」と私は答え、「SAGB」は、英国における心霊主義（スピリチュアリズム）の総本山で、一週間に百以上もの心霊的活動を行っており、評判も高いところだから、ベンジャミンのような一匹狼的存在には、なにかと癪（しゃく）の種なのだろう、ひょっとすると、彼との間に、何かトラブルがあったのかもしれない、などと考えているうちに、滔々（とうとう）たるベンジャミンの弁舌は、遥か遠いところに移っていってしまい、そのことはそれきりになった。

二回目に彼を訪れたとき、今度は、どういうふうに知ったかということは言わなかったが、

「あなたは最近、ウィンブルドンに行ったかね」

と聞いてきた。

たしかに行ったので、

「行きました」と答えると、

「どうして行ったのかね」興味津々という顔で見る。

いやなことになったな、と思いながらも、隠すわけにはゆかないので、

「心霊主義者教会（スピリチュアリスト・チャーチ）に行きました。創立記念の催しがあったので……」

「ああ、なるほどね。それで誰が出た？」

と、ちゃんと知っている。それに若手の何とかいう人です」

「ゴードン・ヒギンソン。それに若手の何とかいう人です」

「ふん、ふん」とベンジャミンはうなずいて、

「どうだった、それで？」

「なかなかのものでしたけどね」私は、ヒギンソンが、聴衆の一人のポケットに入っていた手紙の、宛て先の住所まで当てたことや、若い霊能者が、かなり的確な「デモンストレーション」をやったことを話した後で、

「しかし、あなたのデモンストレーションには及びませんでしたよ。あなたのには、真剣味がありますからね。あの緊張感は、ウィンブルドンでは感じられませんでした」と言うと、

ベンジャミンは満足そうにうなずいて、

「よそへ行く必要はないよ、きみ。ぼくのところへ来給え。ぼくのが最高なんだ」と言った。

そう言われても、私は、広く心霊研究のための見聞をひろめにイギリスに来たのであって、ベンジャミンだけに会いに来たわけではない、と思っていたから、それからも「ＳＡ

GB」の霊能者に会いに、二度ほど出かけて行った。

一度は、家族といっしょに、車で郊外へ出かける予定だったので、前日その車を借りに行き、それに乗って「SAGB」まで行くつもりだった。「SAGB」での約束の時間に、十分間に合うように、二時間ほど前に家を出た。ところが、その日に限って、いままで車を借りたことのある会社に、貸す余裕がなく、そこよりももっと遠い、場所もよくわからないところで、借りることになっていた。だいたい場所の見当はついているつもりで出かけたのだが、思い違いで、その会社は、とんでもない遠くにあった。それでも、とにかく、そこまで辿りついて、手続きを済ませ、出発したときには、ぎりぎりに間に合うかどうか、という頃だった。

私は道を飛ばして行った。いつもの見馴れたバス通りに出て、ちょっと安心したときに、軽い接触事故を起こしてしまった。そこは、ある町に入る上り坂の細い道で、その辺から商店があるので、ときどきバンが停まっている。その時も箱型のかなり大きいバンがいて、視界を遮（さえぎ）っていた。近づいて行くと、そのバンの上に、こちらへ向ってくるバスの赤い屋根が見えた。いつもならバンの後ろで待つところなのだが、その日は気があせっていたので、バスがバンと並ぶ前に、バンを追い越すことが出来るのではないか、もし並んだとしても、たぶん余裕はあるだろう、と思って、突っ込んで行った。

結果は、車の左側を、前の方から、最初のドアの開き口のあたりまで、かなり強くこすることになってしまった。バスはどうやら避けたのだが、左にあったバンに接触してしまった。下りて調べてみたが、小さい車だったので、腰高のバンの荷台の下の何かで引っ掻いたらしいが、何だかよくわからない。古い頑丈そうなバンで、事故があっても、どこがそうなのか、わからない代物だった。わからないまま出発したが、車を貸してよこすときに、店員が、「綺麗な車だろう。あなたが初めて乗るんだ」と言ったことを思い出して、みちみち胸が痛んだ。

相手の霊能者が、やや遅れて来たので、そのときは奇蹟的に間に合った。おもしろかったのは、霊示のときに、死んだ父親が現れて、私の肩に手をかけて、「あわてるなよ」"Be patient!"と言ったたと、その霊能者が教えてくれたことで、彼女は、事故のいきさつを知らないから、ほんとうに父親が出て来て心配してくれたのだろう。たいした事故にならず、また、そう遅れずに来ることが出来たのは、父親のおかげだったのかもしれない。

これが、私がベンジャミンの警告を守らなかったことと、関係があると、断言するわけにはゆかないが、もう一度、似たようなことが起こったのである。

今度は、乗物ではなく、私自身の上に起こった。

前の「相談」から一カ月ほどたって、また「相談」に行った日のことだ。地下鉄とバスを乗り継いで自宅に帰ってから、一人ダイニング・テーブルで遅い食事をとりながら、妻に、霊能者の言ったことなどを話した後で、立ち上ったときだった。右足の裏に鋭い痛みを感じて、思わず飛び上った。足を上げてみると、土ふまずのところに、靴下を通して、楊子が突き刺さって、ぶら下っている。食事のときに使った楊子が、下に落ちていて、それを踏んだらしい。楊子はしょっちゅう落ちているのだが、それを踏んで、突き刺さるというのは、珍しい。たまたま、テーブルの下に厚めの敷物が敷いてあって、そのへりに乗っていたので、斜めに、上を向いていたのである。さらに不幸なことに、いつも革の上履をはいているのだが、刺さった瞬間には、その上履がずれて、ちょうど土ふまずが出るようになったのである。まことにうまくいったものだ。イギリス人なら、家の中でも靴をはいているから、こんな事故を起こすはずはない。日本人である私も、いつも革のサンダルぐらいははいていたのだが、その隙を狙われたことになった。

楊子は、一センチ以上も入っていた。楊子ぐらい、と思われるかもしれないが、イギリスの楊子は、長くて、イギリスの家具と同じように（と言うと、ちょっとオーバーかもしれないが）頑丈で、しかも両端が鋭く尖っている。

すぐ抜いて、日本から持って行った赤チンをつけたが、夜通しズキズキした。

翌朝、気になったので、医者に電話をして、手当てしてもらいに行った。

まさかとは思うが、と言ったら、医者は、楊子などは、食べもののかすで汚染されているから、破傷風の可能性はないわけではない、と言い、血清注射を打ってくれた。

自動車の事故のときには、ベンジャミンのことなど、まったく思い出さなかったが、今度は考えた。それも、しばらくたってからだったが、ふと思い当たった。日本なら、「お灸をすえる」といった感じだ、と思ったが、なにかほほ笑ましくさえなって、

（霊能者のやきもちは、そうとうなものだなあ）と、苦笑したのであった。

ところで、これには後日談がある。

東京に帰って、しばらくたったある日、地方のある神社の神主で、霊能者でもある一人の女性と（女性だから「神主」と呼んでよいかどうかわからぬが）、神道のことについてかなりくわしい大学の先生と、同席することがあった。

私が、ベンジャミンの他の霊能者嫌いと、私の事故の顚末とを話し、

「霊能者というのは、嫉妬深いものですね。ギリシャの神々と似てますね」と、笑うと、

大学教授が、

「三浦さん、それは違いますよ」と、首を振った。

「ほかの霊能者のところに行くな、と言うのは、その人の守護霊の方が、位が高いからで

す。よそへ行っても、自分のところより深い話が聞けるわけでなし、行っても無益などころか、そんなことをすれば、失礼になるんですよ。だからお叱りを受けたんです」

女性の神主さんも、

「そうですよ」と、うなずいた。

そう言われてみると、自分の見方は、人間社会の俗な見方にとどまっていたように思えた。霊界というものに対しては、よくよく既成の考え方に捉われずに、眼の塵を払い、澄んだまなこをもって眺めなければならないのであろう。

また、ベンジャミンの守護霊の方が上である、という考え方も、私はベンジャミンが好きだし、彼は私の人生の広い領域にわたって、貴重なアドバイスをしてくれたので、嬉しいことだった。

ただし、それほど立派な守護霊ならば、自分のところに意見を聞きに来た人間が、ほかの程度の低い守護霊のもとへまた話を聞きに——しかも、霊界の事情などよく知らずに——行ったことに対して、わざわざ事故を起こしたり、楊子を突き刺したりして、体罰を与えるのはなぜなのか、まだ私にはよくのみ込めない。それは私の修行の足りなさから来るのだろうか。何かそこには危険があって、体に痛みを感ずるほどに、警告する必要があったのかもしれない。

それとも、ベンジャミンの警告と、私の二つの事故との間に、何か因果関係があると考えるのは、単なる思い過ごしなのだろうか、という疑念も、まったくないわけではない。

「アーティスティック」な妻

「心霊相談」を受けて、役に立ったと思うことがいくつかある。そのうち、もっとも印象に残ったもの二、三を書いてみたいと思う。一つは妻とのことで、「心霊相談」という、ちょっと聞くと、非現実的に思えることが、実は現実を深く理解するのに役立つのだという、良い例となるかもしれない。私にとっては、むしろ、私の未来についての霊示よりも、この方が印象深かった。それだけ具体的であった、ということもあるが、自分の本質そのものに触れる自己発見に通じたからであろう。初めからこんなことを言うのは、結論めいて、よくないかもしれぬが、「心霊相談」にしろほかの心霊活動にしろ、心霊研究の目指す第一の目標は、この「自己発見」ではないだろうかと、私は思っている。もちろん、他人の救済とか、人類の福祉とかいうこともあるが、先ず、自分というものがよく見えていないと、ほかのなにをやっても、目の見えない人が棒を振りまわすようなものであろう。しかし、個人が先か、全体が先か、ということは、ここで簡単に論じられるようなものではないので、ひとまず、先に進むことにする。

私のささやかな発見は、妻といっしょに、初めて、ＳＡＧＢの「心霊相談」(sitting)に参加したときに始まった。

その時の霊能者はテクラ・カーンという、中年の婦人で、前にも書いたが、色の浅黒い、髪の色の濃い、その名のように、中近東出身者らしい、小肥りの、背の低い婦人だった。この人のところに行くことにしたのは、ＳＰＲの会合で知り合った、ある中年の男性の紹介があったからで、その人は、ＳＡＧＢのある役員の奥さんをよく知っており、その人からいろいろ噂を聞いたりしていたのだろうと思う。

この時は、六人いっしょに聞くgroup sittingで、ＳＡＧＢの奥まった小部屋に、半月形に並んだ椅子に坐った。一人分の料金は一ポンド一〇ペンスだった。

カーン女史は、手に持っていた古ぼけた布製のハンドバッグを、壁際の椅子の上に置くと、いちばん外れの男性に向って、その人を見ているような、見ていないような様子で、立ったまま、静かな口調で喋りはじめた。十分ほど喋ると、次の人に移ってゆく。

十分の間、私もいろいろなことを言われ、それはそれなりにおもしろかったが、特にびっくりしたとか、感心したとかいうようなことはなかった。私が「おや」と思ったのは、妻の番になって、カーン女史が、

「あなたはアーティスティックですね」

と言ったときである。

「アーティスティック」という言葉は、なかなかうまく翻訳することが出来ない。広くは「美的」「芸術的」という意味だろうが、人間に対して言う場合には、絵や音楽などの、芸術的な技能があるという場合に、使うことが多いようである。詩や散文も含まれないことはないが、主として、美術、音楽などに用いられるようだ。

私の妻の場合も、先ず、音楽から始まった。妻はギターのレッスンをとっていたことがある。しかし、それは、「ギターが弾けます」と言えるような段階ではなかった。

妻が、もじもじしながら沈黙していると、カーン女史は、

「楽器を弾くというようなことではないかもしれないが……あなたの場合、音楽は、精神的な治療(ヒーリング)と関係がある」と言った。

私は、これは相当な洞察だ、と思った。

音楽というものは、元来そういうものかもしれない。カーン女史は誰にでも当てはまることを言ったのだ、と考えることも出来るが、たしかに、妻の場合は、音楽はこの点でかなり重要な役割をしているのである。家の中で不愉快なことがあると、彼女は音楽をよくかける。

カーン女史は、さらに、妻の美術的才能にも触れた。妻は、子供が出来るまで、画用紙

にデッサンや、絵の切れ端のようなものを、よく描いていた。どんなものを描いていたのか、私はろくろく見もしなかったし、妻も見せようとはしなかったが。

カーン女史は、

「続けなさい」

と言った。それから、さらに、「布切れを縫ったりすることも好きでしょう、単に、縫いものとか、編みものとかいうことではなくて……」と言った。たまたま妻は、家の近くの成人大学で、パッチワークのクラスを取りはじめたところだったので、これはピタリだった。

カーン女史の言う「アーティスティック」の内容は、まだこれだけではなかった。

「あなたは、書いたりすることも好きでしょう。ストーリーのようなものを」

これを聞いて、妻は忍び笑いを洩らし、私は、おや、おや、と思った。

書くことは、彼女にとって苦手な部類である。幸か不幸か、数年前から、妻はあるところから頼まれて、海外旅行の短い記事を書いていたが、文章でいつも苦心惨憺（さんたん）しているのを、私もよく知っていたのである。しかし、書くという行為に関する限り、カーン女史の指摘は正しいと言うべきであった。

「続けておやりなさい。この点でも、あなたはきっと成功しますよ」

カーン女史は、妻の作家的成功をも約束してくれたのだった。

こういうことを聞いて、私がおどろいた――と言うのが言い過ぎならば、意外に思った――のは、二つの理由からであった。一つは、妻が「アーティスティック」だと考えたことがなかったということと、もう一つは、自分の方が遥かに「アーティスティック」だと思い込んでいたからである。

カーン女史は、しかし、私が「アーティスティック」だとは、一語半句も言わなかった。彼女は、私が、ドアに数字の書いてある、幾つも並んでいる部屋の一つに入って、尋ねて来る人に会うだろう、とか、いま、訴訟か何かの法律上の問題にかかわっているだろうとか、子供の教育の問題で、人と相談したり、考えたりしているだろうとか、まことに散文的なことしか言わなかった。

しかし私は、子供の頃から俳句や詩や小説が好きで、いろいろなことを試みたが、この十年ほどの間は小説を書いてきた。絵や音楽にも、大学の頃から関心を持つようになり、若い頃、アメリカやヨーロッパに行く機会があったので、目ぼしい美術館や演奏会には、よく足を運んだ。「自分は『アーティスティック』だ」と、自分から思ったことこそないが、それが当然で、それ以外の自分はあり得ないぐらいのつもりは、昔から心のどこかにあった。

最近、しかし、小説を書く自分に対して、疑問を抱くようになり、それが、いままでの楽天的な自信に影を落しはじめていた。「心霊相談」を受けに行く気持の中にもそれが混じっていたことは、確かである。それについては、後でもう少し説明させていただくが、「アーティスティック」という言葉は、その時の自分の、いちばん耳にしたい言葉だったような気がする。(妻にいわれたのを聞いてから、いよいよそう思えてきたということもある)

家に帰ってから、私は、妻に、「彼女(カーン女史)は、きみとぼくとを間違えたんだ。二人が並んで坐っていたから、ぼくのオーラがきみのオーラと混じり合って、見まちがえたんだよ、きっと」と、冗談を言った。

そう言って、笑いはしたが、半分は本気だった。

妻は「アーティスティック」と言われるが、私はそう言われない、というパターンは、その後も続いた。私はその後、三人の霊能者に会ったが、不思議なことに、彼等はみんな、私の妻は「アーティスティック」だと言うのである。そして、私を「アーティスティック」だと言った者は一人もいない。妻が「アーティスティック」だと言われるのは、我慢出来る（?）としても、三人が三人ともそう言うのは、不思議だった。もちろん、こちらから、「私の妻について、どう思いますか」などと聞いたことは一度もない。前にもお話したように、何を言われても、「イエス」とか「ノー」とかだけ答えるのが、「相談」の作法である。（もっとも、そうとばかりも言っていられないこともある）。これは余談だが、イギリスでは「相談」に来た者の家族のことまで言うのが、普通のようである。（そうしなければ、一時間はもたないだろうということもあるだろう）。私の子供たちのことにも、必ず触れた。当時小学校四年生だった長男についても、三人の霊能者がほとんど同じことを言ったのは、興味深かった。

ジョー・ベンジャミンのところへ行ったときは、私一人だったので、彼は、私のことについてたくさん喋ったが、私を発憤させて芸術家たらしめるようなことは、何も言わなかった。

「きみは何かモノを書いているね」とは言った。

「銀行の帳簿とか、会計の仕事とか、技術の本とか、なにかそんなものかね」

私のオーラの中に、数字や記号がいっぱい見える、と言うのである。

「どうして、きみ、そんなにいっぱい数字や記号が並んでいるんだい」

と、彼は半ばあきれた顔で言った。

「へえ。そうですか」と、私は、あんまりおもしろくない気持ちで答えたが、どうして、美しい詩の女神の代わりに、数字や記号が見えたのか、しばらくわからなかった。ベンジャミン宅を出てから、しばらくして思い当たったことは、当時私は、東京から送られてくる給料で、どうやって一家四人が暮らしてゆくかという計算に忙しかった、ということだった。円をポンドに換算するのに、まだ馴れなくて、日本から買って持って来た電卓のボタンを、しきりに押して、毎月の予算をきめたり、旅行の費用を計算したりしていたのである。

オーラには、そのときもっとも関心を持っていることが現れ易いのだろうか。このことは、経験のある霊能者によく確かめなければならないことだが、もしそうだとすると、一時的にせよ、強く関心のあったものの表象を、永続的なものの表象と、見まちがえるようなことにはならないだろうか。経験豊かな霊能者は、おそらく、永続的な性格を、オーラのどこかに認める眼は持っているのであろう。「アーティスティック」な性格の表象とはどんなものだろう。妻のオーラには、どんなものが現れたのだろう。私が、「書く」と言われたとき、どんな表象が見えたのだろう。興味のあることである。

「あなたは迷っているね。私が最初にあなたの電話を受けたときに、そう思った。その印象はますます強くなっている。あなたは人生のピークにさしかかっているが、あなたの欲するものにまだ到達できないでいる。何かが、それを妨げているようだ。あなたには迷いがある」

これが、その日の「相談」の冒頭に、ベンジャミンの言った言葉だった。

中年の男が相談に来た場合、霊能者は一応こういうことを言うのだろうか。私にはわからない。しかし、この言葉は私の心を捉えた。実際に、私は、迷いを抱いて、それについて彼の意見を求めることを、その日の「相談」の柱と考えて、(心霊研究という大義名分もあったが)彼の許を訪れたのである。(ベンジャミンという男は、たいしたものではないか)

その迷いというのは、前にも言ったが、今後も小説を書いてゆくべきか、どうか、ということだった。

こういうことを聞きに行くことからして、小説を書く資格はない、と言われるかもしれない。小説家というのは、占いとか、まじないとかいうことに対して、常にシニカルな態度をとり、人生問題に対して、明快な解答を出すことに、うさんくさいものを感ずるものである。むしろ、迷うことに人生を感じ、生き甲斐を感ずるというところがある。

私の態度が小説家向きではない、ということは、私も前から感じていた。それは先ず、作品との間に、何かしっくりしない関係となってあらわれるのである。

この十年ほどの間に、私は五、六篇ほどの短篇小説を、雑誌に発表した。ボツになったのは、その倍ほどもある。(それにしても少ない量だ)

何故こんなにも少ないかというと、書き直しが多いからである。いっぺんに小説になったということは、ほとんどない。作品と自分との相性が悪いと言うか、いっしょうけんめい作品に迫ってゆき、迫ったつもりになっても、終わってみると、相手はもっと遠くにあった、という結果になることが多い。

初心者ならば、そういうことも大いにあるだろうが、もう十年以上もやっていて、まだそんな状態だということは、何か自分に小説を書くのには適していないものがあるのではないか、と思いはじめても当然だろう。

事実どうもそうらしい。私が懇意にしている或る小説家の友人で、やはり小説家の或る人は、私は小説を書くのに向いていない、と言ったそうである。理由は、私が善良すぎるから、だそうだが、小説家が「善良」というような言葉を使うときには、注意しなければならない。

しかし、私が懇意にしている小説家は――私の先生と言ってもよいが――ありがたいことに、私に小説を書かせようと、いつも考えていてくれて、小説家には欠陥があるのが当たり前で、その欠陥のために書いているようなものなのだから、それを逆手に取って書けば、ユニークなものが出来る、と言ってくれる。彼は、その欠陥を、「きみの中にある空白」と呼んでいる。

しかし私は、ときどき、自分の欠陥は、「それを逆手に取って書けばいい」というような、なま易しいものではないのではないか、と思うことがある。それでは何が欠陥か、と言うと、容易に言えるものではない。容易に言えるならば、もうとっくに直して、どんどん小説が出来上っているだろう。それは、「善良すぎる」ということも、「空白」ということとも当てはまる、何ものかである。

作品の上では、客観化が出来にくい、ということになって表れる。最近私は、自分の眼が、執拗に外へ、遠くへ、向きたがることと関係があるのではないか、と思うようになってきた。その眼は理想を求める「善良すぎる」眼であって、外に向いているから、足許の「空白」には頓着しないところがある。小説家としては失格の眼かもしれない。私が心霊研究に熱を上げるのも、この眼のなせる業であろう。

それでは、私はなぜ小説を書くのか。そんなにめんどうなものなら、止めてしまった方がよっぽどさっぱりするではないか。

これは私の二番目の問題点となることだが、私が小説を書きはじめたということは、世間一般の物事がそうであるように、そう単純な動機によるものではなかった。友人や先輩の影響もあり、過去の文学体験もあり、自分への認識不足もあった。この場合、特に私が強く反省したのは、文学的成功にあこがれた虚栄心であった。

文学者はみなこの虚栄心を持っている、と人は言う。しかし、それは言い訳にはならない。彼等はそれ以外にも、言うべきことを持っている。私の場合、ほとんど虚栄心だけだったような気がした。私は、徒手空拳(としゅくうけん)の青年が実業的成功を夢みるように、小説を書き始めた、と言えなくもない。実業家は大いに成功を夢みるのはいいが、文学とは、その精神風土の中に、反成功の種を宿している二律背反の事業である。

私はこれ以上、自分の青くさい告白で読者をわずらわせるつもりはない。私はただ、ベンジャミンの家を訪れたときに、どういう精神状態にあったかを、お話ししたかっただけである。と言っても、今書いたようなことを、十分に意識していたとも言い難い。今から考えると、そうだった、と思えるのである。

私は今後も小説を書いてゆくべきだろうか。これに対するベンジャミンの答は、

「どんどん書け」

だった。

「家へ帰ったら、すぐ書きなさい」と彼は言った。何をぐずぐずしているのか、と言わんばかりだった。お前の迷い言などは、ちゃんちゃらおかしくて、窓を開けて、さわやかな風を入れたくなるほどだ、とでも言いそうであった。

「おもしろいものを書きなさいよ。誰も読まないようなものを書くんじゃない。みんなが楽しむものを書くんだ。そうすれば、金がじゃんじゃん入る……」

「金のことはどうでもいいんです」

「そんなことを言うんじゃない。入るものは入るんだ。欲しくなくたって、入ってくる。入ってきたら、使ったらいい。わたしの知っている女性は、熱心なスピリチュアリストだが、今や三十冊もの本を書いて、みんなベストセラーだ。彼女は大金持ちだが、昔と同じ二軒続きの家（セミ・デイタッチド・ハウス）に住み、質素に暮らしているよ。金なんて、そんなものだ。ビクビクすることはない。どんどん、いろいろなものを書くんだ。立派な作家は何でも書く。小説ばかりじゃない。伝記、旅行記、童話、芝居、歴史、教科書……。どうだい、英語の教科書を書いたら。きみは英語が出来るから、きっとうまくゆくぞ。それから、伝記なんかもいい。これは人が読む。誰でもみんな、成功したいと思っているからな。ぼくの伝記を書いたっていいよ。著作権はきみにあげる。いま、ある男が、ぼくの伝記を書いているところだ。スピリチュアリズムに関する本なんかもいい。これはきみに打ってつけだ。これは売れるよ。きみが書く本の中では、いちばん売れる。ただし、英国で書いてはダメだ。英国では、きみの出番はナシ。英国人は昔ほど本を読まなくなったからな。いまはなにもかもスローダウンだ。そうだ。スピリチュアリズムの新聞を日本で出したらどうだ。これはきっとうまくゆく……」

私は、ややうんざりして、ベンジャミンの家を出た。彼の言ったことに、ある真実が含まれていたと思うようになったのは、ごく最近のことだが、そのときは、自分はやはり、小説など書かない方がいい、と思いながら、家に帰ったのだった。

小説を書くということは、どういうことなのか――その後も私は、何度かこのことを考えた。結論は出ない。結論が出るようなものではないのかもしれない。わずかに、小説を書くという行為の輪郭らしいものが、浮かび上ってくるだけだ。それすらも、また変ってゆく。

それでは、いい、私にとって、小説を書くということはどういうことなのだろう。虚栄心をとり去ったら、何か残るものがあるだろうか。

何か書きたい、という気持ちは私に強い。私の中に、子供の頃から変らない何かの情熱があるとすれば、それはこの気持ちだろう。これは、曇り空よりは青空を求ある気持ち、山の変化よりも海の広がりを好む気持ち、小ぢんまりとした居心地のいい部屋よりは、ひろびろとした広間に喜びを感ずる気持ちと同じく、いつ頃からか、自分にしみついてしまったものだ。仏教で言えば、それは業であろう。

しかし、なぜ「小説」なのか。

スピリチュアリズムは、私に、いくつかの大事なことを教えてくれた。その一つは、人生には目的があるらしい、ということである。(「らしい」というあいまいな言い方を許していただきたい。スピリチュアリズム自身にも諸説があるが、これは主として、私自身の問題である)

人生は、一大宇宙旅行の途中に寄って、ちょっと滞在する、地球という一遊星上の短い期間であるらしい。(この比喩は正確ではないが、時間を流れとして表してみたのである。スエーデンボルグは、現世と死後の世界とは、貨幣の表と裏のようなものだ、と言っている)

この陽の当たる地上の時間は、その前後の無限の宇宙の時間にくらべれば、まことに眇（びょう）たるものだが、それは孤立した時間ではなく、全体の運命を担う一齣（ひとこま）であるというところに、特色がある。その「運命」とは何か、ということは、スピリチュアリストや宗教人の間に、細かい点について、いろいろ議論のあるところだろうが、人間は、ある宇宙的な意図の実現に向かって、その一翼を担っていると考える点では、だいたい一致していると思ってよいだろう。

話はずいぶん拡大してしまったが、私の言いたいことは、スピリチュアリズムは、私に、小説を書くことを含めて、芸術行為を、相対的な尺度で眺める視点を提供してくれた、ということである。芸術は、そのものが目的とはならない。それは、ある目的のための手段である。「ある目的」とは、何かわからぬが、何かの宇宙的意図を実現することとかかわっている。

こういうことを言っても、たいして役に立たないかもしれない。「目的」とか「手段」とかいう言葉は、あまりに単純過ぎ、都合がよすぎるからだ。それは、目的であると同時に、手段であるかもしれないことを指しているのである。人間自身が手段だ、というのと、同じ意味だと言えよう。

いずれにせよ、私は、小説を書くという行為を、このように考えるようになってきた。そして、それによって、ある自由を得たように思っていた。

しかし、それは、「自由」ではなくて、意志の衰弱だったかもしれないのである。思考というものは、意思の代替物であることが多い。一つの行為が、何重もの思考を蹴散らしてしまうことがある。「運命」とか、「宇宙的な意図」について、私が何を知っていよう。私のちっぽけな思考の網などで、とても捉えられるものではない。ということは、私がそれを思い浮べただけで、過ちを犯しているかもしれないのである。そして、小説を書くということや、私自身の性格や特質について、いろいろ思いめぐらしたことは、すべて、間違いとは言えぬまでも、一知半解の見解だったかもしれないのである。ひょっとすると、ベンジャミンの言ったことの方に、真実が含まれていたということになるかもしれない。

ともあれ、私は、今までの自分の思考の過程を追ってきた。そういうふうに考えたことは、考えたのである。そして、それについては、妻といっしょに行った「心霊相談」が、問題を顕在化するのに、大きな役割を果たしたのであった。

妻についても、もう一言、書いておかなければならない。

私は妻の行動や態度を、前よりももう少し違った眼で見るようになった。そして、いくつかの発見をした。

私たちの住んでいた場所は、ロンドンの南の郊外で、テムズ河の上流に近く、周囲には森や林、広い河原や牧場などがあり、ときどき散歩に出かけた。あるとき、散歩の途上、妻は足を止めて、

「きれいだわね」と、嘆息するように言って、少し離れた空を見上げた。

そこには、日本ではなかなか見られない大きな木が一本、枝をいっぱいに空にひろげて、くっきりとしたシルエットを浮べていた。季節は冬だったので、葉は一枚もない。からみ合った細い神経のような枝が、彫金のような鋭い線を空に刻んでいた。

私も立ち止って、見上げたが、私の視野の中にもさっきから入っていたはずのこの木が、何の反応も惹き起さなかったことが不思議だった。いままでの私なら、

「そうだな」ぐらいのことでお茶を濁して、歩き続けただろうが、そのときは、しばらく立って眺めていた。暮れかかった北国特有の深い沈んだ藍色の空に、刻み込まれた無数の細い黒線は、大地の中にひそんで、ぎっしりとからみ合っている何かの思いを語っているように思えた。それは同時に、妻の中にひそんでいる思いであり、無数の黒線は、彼女の神経のようでもあった。

私自身はむしろ、それらをすべて包んでしまう景色のひろがりを愛するものだ。足許に芝地（グリーン）がひろがり、その広さと競い合うように夕空が連なる彼方に、森や林が点在し、古い館の屋根が見え隠れする、そういう眺望の方に眼を奪われるのである。

「私の眼は外に向いている」と前に書いたが、それは男に共通した特徴なのかもしれない。それは一般化に向く眼であり、細かい陰影を溶かし合って、部分の特徴ある風景を、

広い世界と結びつけるのに適している。

一方、細部にこだわる眼は、美を見出すのに都合がいいにちがいない。細部にだけ美があるわけではないし、ただ細かくこだわればいいというわけではないが、美は非常に用心深く、神経質で、隠れていることが多いから、大雑把な遠目には映らないのである。

妻はまた、灌木や雑草に覆われた河原を歩いているときなど、私が思いもつかないような枯れ草を摘んでくることがあった。家に帰って、コップに差し、窓際に置いてみると、たしかに、それまで隠れていた美しさをあらわす。

そうやって、彼女は、「オネスティ」という、ドライフラワーには打ってつけの草を発見した。二年に一度実をつけるのだが、枯れた後、その薄くまるい皮をはがすと、雲母のような膜が残って、枝一面にひらひらし、陽に光ると美しい。ある家の木の下にいっぱい植えてあって、枯れるままにほおってあったのを見つけたのだが、その家の人の話では、種さえ蒔いておけばいくらでも生える、ということだった。

妻は、東京に種を持って帰って、蒔いてみたが、五センチほどに成長したきり、どうしてもそれ以上には伸びないのである。

こんなことを書いていれば、きりがないから止めるが、ここでもう一つだけ付け加えたいことは、この「近い目」と「遠い目」の関係は、われわれの夫婦の関係にも当てはまるらしい、ということである。「らしい」というのは、当事者同士にはなかなか気付くことがむずかしいからである。

イギリスの霊能者が「アーティスティック」だと言うまで、全然そう思っていなかったと言うことは、まさにその一例だが、そういうことは今までもたくさんあったはずである。戸の開け立て、食事の仕方、友達との関係、親に対する態度、すべてがそうであったと言ってよいだろう。ただしそれはお互いさまであって、こちらが気付かなかったと同様、むこうも、こちらの「遠い目」には気付かなかったのである。

ところで、一度そういうことに気付いたからと言って、今後も、お互い同士よく理解し合ってゆけるだろうと思うことは、早計であるにちがいない。人間の性格は、どう曲げても、どうしてももとへ戻ってしまう、磁石の針のようなものだろうから。だが、イギリスでの経験は、将来、何らかの影響を、針の向きに与えるような気がする。

妻はいま、パッチワークを数人の友人や知人に教えはじめた。イギリスに行く前にはなかったことだ。カーン女史の予言はみごとに当たったが、もう一つの、文章については、どうも依然としてパッとしない。しかしこれもいつか、天地が引っくり返るような変わり方をするのかもしれない、と、半ばひそかに恐れているのである。

父の霊に時計を返す

「心霊相談」に行くと、父が、必ずと言っていいくらい出てきた。

それは、最初にジョー・ベンジャミンの家に行ったときから始まった。

ベンジャミンが、戸口のあたりをちらちら見ながら、

「最近お父さんに会ったのは、いつ頃か」と聞く。

「つい、三カ月ほど前に亡くなったところです」と答えると、「なるほど」というようにうなずいて、

「そこに来ている」

と戸口の方を眼で示すのである。

なぜ、最初から、「きみのお父さんがそこに来ている」と言わなかったのか、私にはわからないが、生き霊の場合ということもあるだろうし、私が英国在住の東洋人なのか、単なる旅行者なのかも知ってはいないので、一応確かめる気になったのだろう。それから、こう言った。

「しきりに喉から胸のところに手をやっている。胸が苦しいらしい」

父は肺炎から、呼吸困難になって死んだ。最期を見とった母の話では、「苦しい」と、胸を掻きむしって、そうとうあばれたようである。

私は、正直言って、いやな気持ちになった。父は、私が英国に来ている間に亡くなった。国際電話があって、駆けつけたときには、すでに灰になっていた。死に目にあえなかった息子に、自分の苦しみを訴えるために、わざわざ出て来たのだろうか。ロンドンに来たときの家庭の事情や、葬式に帰ったときの、知人や親戚に対する具合の悪さなどが、一度に思い出されて、私は暗い気持になった。

「彼はいい男（グッド・マン）だ。そうだろう。ぼくにはわかる。彼はナイス・マンだ」

ベンジャミンの響きのいい早口が続く。

「君のことを思っているよ。彼は君を愛している。そう言っているよ。これからは君を守ってやると言っている。君と君の家族をだ」

そう言われても、私は嬉しくはなかった。父の好意は的の外れていることが多かった。他人のためを考えるより、自分の都合が主であった。こんなことは、あまり言いたくはないが、話を進める上で、一応言っておかなければならない。父は、正常な人間なら身につけているはずの、他人との距離とバランスとの感覚の一部を、完全に欠いていた。そのため、交友関係で長続きしたものは、一つもなく、最後には、みな批難の言葉を残して去っていった。父は、傷ついた様子はなかったが（反省するということはなかったから、そう見えたにすぎないのかもしれぬが）傷はみな、家族が受けることになった。

「自分の持ち物を身につけていてくれと、言っているよ。指輪か何かがあるだろう。指輪はない？　時計でもいい。なんでもいい。君をいつも守ってやる、と言っている」

私は、父が、昔よく見せた、気の小さい者に特有な愛想笑いを浮べて、ベンジャミンに向かって喋っている様子を想像した。そういう笑顔を見せながら、父は、見当違いな好意の押し売りを言い出したものだった。

「いや、結構です。お父さん」と、私は心の中で言った。

私は英国に来て、ほっとしていた。来る前の我が家の情況は、惨憺たるものだった。父は脳軟化症で、半身不随、口はほとんどまわらず、ときどき突っ飛なことを言い出したり、したりし、家の中には絶えず糞尿の匂いが漂っていた。母と妻との間はうまくいっていなかった。性格がぜんぜん違うのである。母の方がずぶとい上に、貧乏で鍛えられていたが、妻は神経が細かく、母の言葉や行為を、いつも気に病んでいた。

父と母が我が家に来たのは、英国に行く二年半ほど前で、それまでは新潟県の小さな町の、母の実家の傍で暮らしていた。自分の持家に住んでいたが、ほとんど実家の世話になっていたと言ってよい。父を看護していた母が、脳の手術をすることになり、私のところに来ることになった。

新潟県に来る前には、いろいろなことがあり、それをいちいち述べるわけにはゆかないが、私は父を嫌っていた。脳軟化になって、喋ることが出来なくなり、なんでも他人の言うことを聞かなければならなくなって、ちょうどいいあんばいだと、母と私とで冗談を言ったほどだった。その後で、母は、「それでも最近は、よく手を合わせて、お辞儀するようになりましたよ」と言ったが、私はあまり信用していなかった。

学校から一年間の研究休暇が出るという話は、二人が来てから一年ほどしてあったが、最初は見送った。二年目にまた言われたときには、考えた。妻と母との間は、険悪と言っていいくらいになっていた。妻と私との間も同じで、もっと悪くなる可能性があった。幸か不幸か、母はそれにほとんど気付いていなかった。

父の病気は、脳の方だけで、胃と心臓は、医者も感心するほど、丈夫だった。「あと十年ぐらいは持ちますよ」と、医者は楽観した表情で言った。だとすると、父の世話が終わるまで待っていたのでは、いつ出かけられるかわからない。なるべく早く行って、帰って来た方がいいのではないか、私たち夫婦は、そう思うようになった。問題は、その間、父の面倒を見ている母が、もし動けなくなったらどうするか、ということだった。

私は新潟県の母の実家に行って、相談し、附近の老人ホームに一年間預ってもらうように手配し、安堵して、母に告げた。母は——実を言うと、義理の母だが——非常に怒って、行かない、と言った。私は、東京で、どこかそういうところはないかと探した。たまたま、友人の親戚が医者で、病院の一部で老人医療もやっているということだったので、その一室を借りることにした。新潟県の市立の新しい老人ホームにくらべると、ひどく見劣りする木造の一室だった。

父が亡くなった日に、イギリスの私のアパートでは、客を招いていた。夕食が終わって、イギリス人の若い夫婦と、ワインを飲みながらにぎやかに話をしていると、玄関のベルが鳴った。アパートは二階と三階にあって、玄関は一階なので、階段を下りて行かなければならない。玄関には明かりがつけっぱなしになっていて、ドアが大きく開いていた。この辺は郊外で、芝生や植込みの多い地域なので、ドアのむこうは、樹々の影がふかぶかと重なっている。人の気配はない。外へ出てみたが、人影は無かった。

「ははア。さっき二階の客が入って来たときに、ドアを締め忘れ、明かりも消すのを忘れたので、近所の人が帰ってきたときに、親切に、ベルを鳴らして、教えてくれたのだろう」

という考えが頭に浮かんだ。

しかし、何となく薄気味悪い思いがして、階段を上って、部屋に入り、「へんだぜ」と言うと、
「ポルターガイストかもね」と、妻はおどけて言ったが、再びにぎやかな会話が始まって、そのことは忘れてしまった。

国際電話がかかってきたのは、晩の十時半頃だった。客が帰ってから、三十分ぐらい。ドアのベルが鳴ってから、二時間ほどたってからだった。電話は、病院の世話をしてくれた友人からで、少し前に母から電話があって、父が死亡したと言う。何かあったら、母は、この友人のところに電話することになっていたのである。

ドアのベルが空鳴りしたことを思い出したのは、しばらくたってからだったが、死亡して、電話する余裕が出来るまでには、一時間や二時間はかかるだろうから、ベルが鳴った時刻と、父が死亡した時刻と、あるいは一致していたかもしれない。近所の人の仕業という考えも、かなり強いのだが、隣の人はあまり見かけたことがなく、従って、ほとんど交渉がなかったので、わざわざ尋ねて行って聞いてみよう、という気は起こらなかった。このベルのことは、未だに謎である。

ベンジャミン宅で最初に現れて以来、私が霊能者のところに行くと、父は必ず出て来

た。私が来るのを待っていたことさえあった。

二度目にベンジャミンを訪れたとき、彼は、

「この間は、アライアンス・ホールで、お父さんが、きみの来るのを待っていたよ」と言った。

「アライアンス・ホール」は、前にも書いたように、毎週日曜に、ベンジャミンが「デモンストレーション」を行う場所で、私は何回か出席した。

ベンジャミンは、会うと必ず、「デモンストレーション」に出て来てくれ、と言うので、前の週に出て来なかった私をたしなめるために、父親のことなど持ち出したのだと、勘ぐれば、勘ぐれないことはなかったが、ほんとうに、ステージに父親がやってきて、「息子はどこにいるか」と、ベンジャミンに聞いたのかもしれない。霊界にいるなら、地上の出来事は見通しで、どこへでも出られそうなものだが、息子が来ないのも知らないで、待っている幽霊というのも、おかしなものである。それも父親らしさで、よくよく計算して何かしても、どこかが抜けているのだと、言えないこともないが、悟りの足りない父親は、まだそれだけの神通力を持ってはいないのかもしれない。それとも、私が彼のことを思わないから、感応することが出来ずに、私を探すことが出来ないのだろうか。幽界の深い霧の中で、手さぐりに、私を探しているのだろうか。

私が軽い自動車事故を起こして、その後で、ＳＡＧＢの霊能者を訪れたとき、父親が私の肩に手を置いて、「あわてるなよ」と言ったという話は、前にお伝えした。とすれば、やはり、私の一挙手一投足を見ているのだろうか。

この時も思ったのだが、なぜ父親は、こんなに急に私のことに関心を持つようになったのだろう。生前の元気な頃の父親は、ほとんど自分のことにしか関心を持たなかった。父は明治の教育を受けていたので、自分の感情を容易に外にあらわそうとはしなかったが。私が十年ほど海外にいた頃も、私の知らない保険を私にかけて、早く帰って来いとは一度も言わなかった。それには別の理由もあったのだが、それについては言うのをよそう。

帰国して、しばらく家にいたときには、「もっといろ」というようなことも言ったし（それにもまた、別の理由があったのだが）、子供の頃を思い出すと、懐かしい記憶もある。人間というのは、一生の間に、何度か変わるものなのだろうか。

そんなわけで、私は、父の急に変わった親切心というものも、素直に受け取ることが出来なかった。

「彼は善良な男だ。ナイス・マンだ。きみのことをずいぶん信頼しているよ。きみを立派な息子だと言っている。これからもきみの力になるそうだ」

ベンジャミンが何度もそう言うのを聞いていると、私は黙ってはいられなくなった。

「私の父は、立派な男じゃありませんでした。細かいことは言いたくありませんが、私はずいぶん、世間の前で恥をかいてきました。どうして、今になって、こんなに私のあとを追い廻したり、力になってやると言ったりするんでしょう。なぜ、生きているうちにそうしてくれなかったんでしょう」

「いかん。君、それはいかん」

ベンジャミンは、こちらがびっくりするほどの大声を出した。

「死んでいる者を憎んではいかん。憎しみが残っていては、死んでいる者は地上を去ることは出来ないのだ。憎しみを棄てなさい。きみのお父さんは、『すまなかった』と言っている。そうだろう」

ベンジャミンは、戸口の方に向って、同意を求める様子をしてみせた。

「お父さんは『そうだ』と言っている。きみも、もう憎んだりはしないな。どうだ」

私はうなずいた。

憎しみなどはない。

恐らく父親は、自分が淋しくて、私に手を差しのべようとしたのだろう。それもいつもの父のやり方だった。自分の弱みは見せたがらない人だった。

人間は、生きているときと同じ気持ちを、死後も持ち続ける、とスエーデンボルグは言っている。死んだからと言って、急に人格円満になるとは考えられない。

しかし、脳血栓の発作にかかってから三年間、強いられた沈黙の中で、父がどのような精神的な試練を受けたかは、私にはうかがい知ることは出来ない。「最近は手を合わせて、おがむようになりましたよ」という母の言葉を、私は聞き流したが、それは本当だったのかもしれない。霊界に入って、父は自分の一生の絵巻を見たことだろう。そして、冷たく深い霧の中で、もう二度と、自分の一生をやり直すことの出来ないという後悔と、おそろしい孤独感とを味わったかもしれない。あるいは、その後で、ずっと昔に他界した肉親の出迎えを受けて、地上の生活では忘れていた、幼児の頃の愛の思い出を、ふたたび心の中に蘇らせたかもしれない。

もし、父の私に対する呼びかけが、少しでも、その愛を自分の中に蘇らせようとする努力であるならば、どうしてそれを拒否することが出来よう。もしそうでないとしても、死者は、ベンジャミンの言うように、生きている者の愛を通じてでなければ、救われることは出来ないのだ。私はほとんどそれを忘れていた。そして、その愛を拒否することによって、もう少しで、自分もまた、孤独地獄へ堕ちるところだった。

日本へ帰ってから、私は、しまい込んであった父の遺品の中から、腕時計を見つけて、自分の腕につけた。ごく普通の数字の並んでいる、十七石の安物の国産品である。おそらく父は、知合いの時計屋へ行って、いつものようにお世辞笑いを浮かべ、安くまけてもらって買ったのだろう。

しばらくそれをつけた後で、私は、ある種の不安を覚えたので、それを仏壇に置いて、言った。

「お父さん。やっぱりこれはお返ししましょう。このために、いつまでも地上の生活に執着するようなことになってはいけませんから。地上のわれわれのことよりも、霊界でのご自分の向上に専心して下さい。及ばずながら、われわれも、この地上から応援します」

夢枕に立った母

自分自身が「霊能がある」と言われたことが三、四度あった。いや、霊能者に会うたびにそう言われたと言ってもいいくらいだった。最初に言われたときには、ちょっと驚き、少し嬉しくなり、そして、「ほんとうかなあ」と思った。もう人生も半ばに近づいているのに、今までそんなことを言われたことは一度もなかった。心霊研究などを始めながら、自分に心霊的要素があるだろうなどと、思ったこともなかった。それ以後、二、三の霊能者に、「あなたはサイキックだろう」と言われ、「そうですか」と受けておいたが、東洋人を見ると、そう見えるのだろうか、と思ったりして、どうも本気になれない。私という人間は、心霊研究を始めるまでは、幽霊とか、占いとかいうことは、むしろ嫌いな部類に属し、(幽霊には今でもあまり出会いたいとは思わないが)、世間一般の人と同じように、眉につばをつけたくなる気持ちでいたし、それよりも、人生は、青空の下で、明るくのびのびと過ごしたい、という気持ちの方が強かった。

しかし、そう言われてみると、過去の自分の人生の中で、思い当たることもないわけではない。ことに、私が十四歳の時に亡くなった母については、今から思うと、これがそうかと思うような思い出も、二、三ある。私がもし霊能的な要素を持っているとしたら、それは、主として、母から受け継いだものかもしれない。

私が最初に「あなたはサイキックだね」と言われたのは、ジョー・ベンジャミンの「デモンストレーション」の開始前に行う「心霊治療（ヒーリング）」のときで、ベンジャミンのお弟子さんの中年の男性から言われたのだが、その後、ベンジャミンの自宅に行ったときにも、彼は、「きみも治療（ヒーリング）が出来るよ」と言った。その後もまた二回ほどそう言われたので、「じゃあ、どうしたらいいんです」と聞くと、「誰でもいいから、具合の悪い人がいたら、手を当ててやりなさい」と言われた。そのとき、私は、母のことを思い出した。母は、私が腹が痛んだりすると、よく手を当ててくれたのである。不思議と、それで、いい気持ちになることが多かった。母は、死ぬ前の二、三年は、指圧とか、何々教の何々とかいう、手を当てる治療法に凝っていたことがある。

次の話も、治療に関係のある話である。

私が初めてアメリカに行ったときのことだ。昭和二十七年、というと、戦争が終わってから、ちょうど七年目で、正確には覚えていないが、「血のメーデー」と言われる騒ぎが起こったのが、この年ではなかったかと思う。私は大学の三年。東京の街には「進駐軍」

と呼ばれるアメリカ兵があふれ、米国と日本との間には、「パンアメリカン航空」が、やっと航路を開設したものの、まだ大部分の日本人が船でアメリカに行く時代で、私も「プレジデント・クリーヴランド」というアメリカ船に乗って行った。

私は、パスポートに書かれていたように、「勉学のため」に行ったのだが、「観光」などという査証（ヴィザ）が当時あったかどうか疑わしい。「勉学のため」には必ず保証人（スポンサー）が必要で、私は、ある人の紹介で、ある大学の先生の家に世話になることになり、その家に着くと、さっそく自分の部屋に案内された。それが地下室だった。アメリカでは地下室は珍しくなく、子供の遊戯室とか、食料の貯蔵室とか、いろいろに利用しているが、地下室はやはり地下室、電燈をつけなければ暗いし、梁（はり）や柱がむき出しのまま並んだり、突き出したりしている。この家では、その一部を洗濯場にしていて、家中の洗濯物が積み上げられ、洗濯機が自動的に湯を入れたり、脱水したり、乾燥機が唸ったりする音と共に、水蒸気がいっぱいに立ちこめるのである。私のベッドはそのすぐ傍にあった。

この家には五人の子供があり（それがみんな女の子ばかりだった）、主婦一人では手が廻りかねるので、私を学校にやる代わりに、手伝いをさせようというわけだった。アメリカではよくやることであり、この家の主人も、私がこの家を辞す頃になって、昔自分もやったことがある、と語ったことがあったが、私にとっては、まさに「セイテンノヘキレキ」だった。私は、自分が甘い考えを抱いてアメリカに来たことを、いやというほど思い知らされたのである。

このことは私にとって、結果的にはプラスになったのだが、その時は、眼の前がまっ暗になった。現実に、眼の前はまっ暗だったわけだが、その時は冗談どころではなかった。日本に帰りたいと思ったし、(帰る金などなかったが)、ちょうど夏休みだったので、果して、休みが終わったら学校に行かしてくれるのだろうか、とも疑った。

その心配に拍車をかけたのが、健康への懸念だった。

出発する前に、少し肺に影があると、医者に言われたことがあった。その頃、日本には結核患者がたくさんいたから、アメリカ側の検査も厳重だったはずだが、私の場合は、ある手続上の遅れのために、二度レントゲン写真を撮らなければならないことになり、最初の時には影もなく、綺麗だったので、検査官は二度目の写真を見逃してしまったのだろうと思う。影といっても、僅かなものだったらしく、医者は、私が行くカリフォルニア中部は、乾燥した、気候のよいところだから、転地療養をするようなもので、このぐらいならすぐ良くなりますよ、と言ってくれた。

ところが、「乾燥したよい気候」どころではない。洗濯機と乾燥機から、絶えず水蒸気が上っているし、その上、ボイラーや排水管までが集中している地下室だから、いつも生温く、じめじめしていた。

結核が悪くなったらどうしよう、という怖れが、地下室に入るたびに、私の胸を締めつけた。ずいぶんいろいろなことを想像した。その想像の中で、もっとも恐ろしかったのは、子供たちの誰かに病気がうつることだった。子供たちは、年上の女の子は別として、みな私を遊び仲間にしていて、ことに五歳の子は、地下室まで入り込んできて、私にいろいろなものを見せたり、私の持ち物を調べたり、たくさん質問を浴びせたりしていた。私は適当に追い払ったが、アメリカの子供は、はっきりと、「わたしが嫌いなの」と聞くので、困った記憶がある。

そうした或る日の晩に、私は母の夢を見たのである。

それは夢だったのか、あるいは幻だったのか、私にはよくわからない。気が付いたときには、私はベッドの上に身を起こして、母の姿が消えた方角に、手を伸ばしていた。

それまで、私は、母のことを考える余裕など無かった。十四歳で死別してから、もう八年もたっていて、母の記憶もほとんど薄らいでいたし、なにしろそこはアメリカであった。十四日間もかかって、海を渡って来たのである。日本のことなどは、もうまったく別の世界の出来事で、思い出すのも場違い、という感じで暮らしていたのである。

しかし、その晩、私は、物心ついてから住み、母が亡くなった後、戦争たけなわの頃引越した、東京目黒の家の二階の座敷に、いつものように寝ていた。ふと眼を覚すと、階段をトントンと上ってくる足音が聞こえた。あるいは、足音が聞こえて、眼が覚めたのかもしれない。隣の部屋に電気がついたらしく、襖と襖の間から、細長い条になって光が洩れた。

「誰だろう」と思った。

　すると、襖が開いた。逆光だから顔は見えないが、姿は見える。着物を着た母だった。

「死んだはずなのに、おかしいな」と思った。昔の場所にいることは、おかしいとは思わないのに、こういう意識だけは現在のままであった。

　母はするすると近付いたが、私に向かっては来ずに、寝ている枕もとに来て、私に背を向けて坐り、床の間の方に向って、手を合わせて、何か一心不乱に祈り始めた。

　何をおがんでいるのだろうと、暗がりの中で、母の背しか見えない私は、不思議に思ったが、すぐに、そこには、母が信仰していた観音像があったことを思い出した。どうしてそのとき、そんなものを思い出したか、不思議である。それがあったときでさえ、注意を払ったことはなく、引越してからは、人に言われても、思い出すのが難しかったほどのことだった。

　私は、懐かしさが胸に迫って、一声、母の名を呼んで、着物に触れようと、手をのばした。

するると、母は、くるりと振り向いたと思うと、私が取ろうとした着物の裾を、パッと払い、私を睨んだ。その顔の鋭さは、今も忘れられない。私がなおも追いすがろうとすると、立ち上って、すっと、闇の中に消えたのである。私は、母を呼んだ自分の声にわれに返り、ベッドの上に、中腰になって身を乗り出している自分に気が付いたのであった。

不思議なことだが、それ以来、私は寝汗をかかなくなった。（言い忘れたが、地下室に住むようになってから、寝汗をかくようになり、それが、結核の疑いをいっそう強くしていたのだった）。母が護ってくれる、という気持ちから、怖れも薄らいでいった。やがて、結核のことなど、念頭に浮かばなくなり、それと共に、生活に対しても、積極的にぶつかってゆこうという、勇気が湧いてきた。

母は、まさに、その結核で死んだのである。最後は仙台の病院だった。仙台に行ったのは、親戚の紹介があったからだが、家族の者とも（と言うのは、父と私だが）ほとんど会うことなく、最期は、看護婦一人がみとっただけだった。

空襲の激しくなる東京から、父はときどき見舞に行ったが、私は、死ぬ二、三週間前に、一度会いに行っただけだった。

そのとき、母は私に、お茶を買ってきてくれと、使いに出し、私が買って帰ると、間違った品を買ってきたと言って、ひどく怒った。そして、咳き込みながら、「帰れ。帰れ」と激昂（げきこう）して叫んだ。

私も腹を立てて、一晩泊まっただけで、東京に帰った。

後で親戚から聞いたところでは、母は、うつるといけないから、私をよこしてはいけない、と言っていたそうである。「帰れ」と言ったのは、そういう意味だったのだと、そのとき、私にはわかったのだった。

あのときの怒った表情が、夢の中で、着物の裾を払って睨んだ表情と、よく似ていたのであった。

あの時の母の出現を、私の潜在意識の中の母の想い出が甦ったもの、と考えるには、あまりにも偶然の要素が多い。どうしてもそう思えないのは、母の死後、そういう霊現象が二度ほどあったからである。

最初は、死後間もなく、母の女学校の友達で、非常に親しかった、ある婦人のところに現れた。その婦人から、後で話を聞いたのだが、彼女が夜手洗に行って、部屋に戻ろうとしたら、廊下の突き当たりに、私の母が佇（たたず）んでいたという。その時、私のことを頼む、と言われたのだったか、そう言われたように彼女が思ったのだったか、それとも、それを言いに出て来たと解釈したのだったか、正確には覚えていないが、「死ぬ前に、あなたのことをくれぐれも頼む、と言っていたのよ。子供のことだけが気がかりだと、何度も言っていたわ」と言ったその婦人の言葉は、はっきり頭に残っている。

私のことを頼む、と言った相手は、この婦人のほかにも、もう一人いて、それは私の義理の伯母だが、彼女には、「もし約束を守らなかったら、化けて出てくる」と言ったとかで、伯母はそれ以来、毎朝仏壇をおがむときには、母の冥福と共に、私の無事息災を祈ることを欠かしたことがないそうである。

その次に母が現れたのは、父の夢枕であった。

これは霊示というようなもので、あまりに事実と符合していたので、強く印象に残っている。

母が亡くなってから、三年目頃のことだった。

当時私は、東京のある七年制高校の、「尋常科」と言っていた中等部の四年生で、卒業すると高等科に進級するという、ちょうど節目に当たる時期にいた。終戦直後の頃で、父は新潟県のある所で疎開生活を送っており、私は学校の敷地の中に急設された寮に住んでいた。

私はその頃、勉強などはちっともせずに、芝居ばかりやっていた。戦争中の軍事色が無くなって、学校のお祭には、どんな芝居も自由に出来るようになり、女子学生を連れて来ることも許されるようになったので、学校中で芝居が盛んになった。この頃の学生のたのしみと言えば、封切りの洋画を見に行くことと、芝居をすることぐらいなものだったろうか。とうもろこしのパンをかじりながら、夢中でやったものだった。

私たちは、少々ハメを外して、学校のお祭でないときまで、芝居をやった。尋常科の最高学年である私たちは、下級生も動員して、役者にしたり、背景や小道具を作るのを手伝わせたり、切符を売らせたりした。売った相手は女学生がほとんどで、朝十時から晩五時までぶっ通しという、ベラボウな芝居であった。

学校にいても、授業はサボることが多かったから、先生たちに睨まれたのは当然だったが、ことに数学科の先生たちにはキビシい眼で見られた。我々のやっていることは、授業よりももっと値打のあることだ、というようなことを、私たちは下級生に吹き込んでいて、それが先生たちの耳にも入っていたのだろう。そう言った手前、私などは、積極的に授業をサボり、とくに嫌いな数学は、まったく出なかった。一つには、一課目ぐらい落第点をとっても、ほかがよくて、平均点が普通以上だったら、落ちるはずはない、という、ヨミもあった。いままで、この学校でそんな例はなかった、ということも、聞いて、知っていたのである。それに、私は級長をやっていて、国語と英語の先生には信頼があった。いま、他人と会って話をするのに、気おくれしがちな自分のことを考えると、不思議な気がするほどである。

その年の私の数学の成績は、三十何点かであった。平均は七十数点であった。私を落とすか落とさないかについて、長い会議が開かれ、晩の七時か八時頃、投票によって、落とすことがきまった。何故こんなことを知っているかというと、下級生が入れかわり、会議室の前へ行って、鍵穴から覗き込んで、中で起こっていることを、寮にいる私のところへ知らせに来てくれたからである。だから、どの先生がどんなことを言ったか、ということも、だいたい伝わってきた。私を落とすか落とさないか、ということは、実は、私個人だけの問題ではなく、学校内におけるある対立関係がからんでいたのだが、それは、これを契機にして、意外な発展をしたのだった。

くどくどと私自身のことを述べてきたのは、これが、私にとって意外だったばかりでなく、ほかの者、ことに父にとっては、まったく意外なことだったということを、言うためである。

及落会議が終わってから、二、三日後に、私は父から葉書をもらった。父は、母の夢を見た、と言ってきた。こんなことを書いてくるような父ではないが、非常に印象が強かったのだろう。それによると、母が枕許に立って、さめざめと泣くのだと言う。どうして泣くのかと聞くと、私がいま、落第しかかっている、と言ったそうである。

葉書には、「落第しかかっている」と書いてあって、「落第した」とは書いてなかった。私は、日付を指折り数えてみて、父が夢を見たのが、ちょうど及落会議のあった日の晩であったらしいことを知ったが、父が寝てから夢を見たとすれば、もう「落第し」ていたときのはずだから、「落第しかかっている」というのはどういうわけだろう、と思ったが、あるいは、そんなことは夢にも思わない父のことだから、聞き違えたのかもしれない、と思った。

「十分に御用心ありたし」と、最後に結んであった。

この葉書は、アメリカに行くときまでとってあったのだが、出発の時、もう当分帰って来ないつもりで、持物を処分してしまったので、いま手許にないのが残念である。

アメリカでは、私は、ときどき鼻風邪をひくぐらいで、病気一つしなかったし、怪我をしたり、危険な目にあったりすることも、一度もなかった。それはヨーロッパを廻って日本に帰るまでの十年間、ずっと続いた。

日本に帰ってからは、胃腸を悪くし（学生時代から弱かったが）、あるつまらぬことを試みて死にかかったことがあったが、母が私の健康を心配してくれる夢を見ることは、もうなかった。

イギリスでは、父がしょっちゅう出てくるのにくらべると、母の方は、あまり出て来なかった。出て来ても、父のように何か言うというようなことはない。父は亡くなったばかりだったから、まだ現世に執着が残っていたのだろうが、母の方は、落ちつくべきところに落ちついていたのだろう。

ＳＡＧＢのある女性霊能者と会った時には、母が手に花をいっぱい抱えて出て来て、私に渡そうとしている、ということだった。とすれば、あの世で母は、もう地上のことを気にかけることもなく、平和な、花に囲まれた生活を送っているのであろう。いつか私に、香の匂いをかがせてあげると言ったと、霊能者は伝えてくれたが、それが何を意味するのかはわからぬながら、楽しみに待つことにしている。

クレア婆さん

クレア婆さんはSPRのメンバーである。そして、おそらく、いちばん年とったメンバーである。「国際大会」のとき、会議場や食堂などで、彼女ほど老齢を体中に表現している者を見かけなかった。「老齢を体中に表現している」とは変な言い方だが、なま半可な老人は、まだ若さに執着があって、化粧とか、髪の作り、着る物などに、老いと若さとが同居していて、妙な生ぐささがあり、ことに肉食の盛んな欧米の老婦人たちは、体全体でその生ぐささを発散しているが、このクレア婆さんは、そんな段階は通り越してしまって、老齢の化身と言うか、聖なる老齢と言うか、老いも若さも関係ない、というところで生きているように思えた。背は低く、小柄で、背中にコブがあるかと思うくらい曲がっているので、いっそう小さく見える。しかし、動作はきびきびしていて、声が大きく、喋り続けて倦むことを知らない。生きているのが楽しくてしかたがない、それを語り続けるのだ、という語り方である。

「老齢は楽しい」

と言って、私を驚かせたことがある。

たしか、私が、年とってからの一人暮らしは淋しいでしょう、とか、月並みなことを聞いたときだったと思う。彼女は、いつもの踊るような身振りで、全身で打ち消したのだった。

「老齢は楽しい」という感じは、彼女を頭に置いて考えれば、何となくわかる気もするが、公園などで、ベンチに半日ぐらいも坐って、何を見ているかもわからぬ様子で時を過している、あの、欧米のどこへ行っても見かける老人たちの姿を見馴れた眼には、やはり奇異に感ずるのである。私自身のことを考えても、妻子のいない自分一人の生活を想像してみると、恐らく淋しいものだろうと思うことが、ときどきある。老人にとって、孤独ほど恐ろしいものはない、というのは、常識だろう。一人暮らしの老人の住居を、ボランティアが廻って歩き、ただ言葉を交わすだけで、老人が慰められるのを、わたしたちは知っている。クレア婆さんも、夜一人きりで、暗い窓の下のソファに腰かけているときなどは、淋しくなるにちがいない、と思うのだが、どうもそうではなさそうだ。彼女は、夜一人のときには、霊(スピリッツ)と話すことが出来るから、淋しさなど感じない、と言う。「スピリッツ」と言うのは、死者の霊を指すのか、それとも、その辺に漂っている植物や小さい生物や、その他もろもろの自然の霊を指すのか、はっきりはしないが、おそらくその両方だろう。

SPRの国際大会でのディナーの席で（トリニティ・カレッジの古い食堂「オールド・キッチン」での食事のことは、先に書いた）彼女は、幽霊の住んでいる家に、しばらく住んだことがあるという話を、まわりの者にした。彼女のことだから、嬉しそうに、自分の友達とでも暮らしたかのように、話した。その姿を、ときどき、階段の途中や、部屋の中で見かけたと言った。

私は、幽霊と一緒に住んで、気持ち悪くはなかったかと、聞いた。すると彼女は、どうしてそんなことを聞くのか、という表情で、

「幽霊だって、昔はわたしたちと同じだったんですよ。今はただ、居るところがちょっと違うというだけでね」

と答えた。

しかし、邪霊というものもあるじゃないか、とという話が出て、それから、実際にあった邪霊の事件などが話題になった。長くなるので、その話はよすが、私の言いたいのは、彼女の世界には、孤独というものがないらしい、ということである。

クレア婆さんに親しみと興味とを感じた私は、ケンブリッジで別れた後、二カ月ほどたって、彼女の家を訪れた。

ロンドンには、大きな木が古風な煉瓦塀の上から、石畳の道路に影をひろげ、車などあ

まり入って来ない、人影を見かけることも稀（まれ）な街があるが、彼女の家もそういう一角にあった。道路から階段が、高いところにある玄関に上っている。二階建ての見上げる一軒家。彼女が住むのにふさわしい、古怪な家だと思った。

この大きな家に、もし彼女がたった一人で住んでいたとしたら、彼女を英国の怪奇小説の主人公のように話すことも出来ただろうが、あいにく彼女は地下室に住んでいて、上の部分は、娘夫婦に明け渡していた。彼女の案内で、階段を上らずに、横の木戸から中に入った私は、かなり広い一間だけの地下室が（と言っても、高いところに窓のついた半地下だが）、絨毯や家具や壁掛けなどで覆われてはいるが、ところどころペンキを塗ってごまかした煉瓦や岩石の膚が見え、地下室特有の湿った地面の匂いを漂わせているのに、ちょっと興のさめた気がした。しかし、それも一瞬のことで、彼女のいつもの快活な態度、決して話題を絶やさない廻転の早い話し方、スコーンという一握りの大きさのパンを天火で焼いて、その上にバターをたっぷり載せたのを、紅茶といっしょに出してくれる、英国風のお茶（ティー）のもてなしなどで、たちまち忘れてしまった。

私たちはいろいろなことを話したが、特に印象に残っているのは、お婆さんと私とで交わした、一種の宗教論、と言うと大げさだが、キリスト教的な見方と、禅的な見方との相違についての会話である。もちろん、二人とも学者ではないから、本に書いてあるような抽象論をたたかわせたわけではない。だんだん話しているうちに、そういう問題がはっきりしてきて、お婆さんの方が積極的に知りたがり、私が説明役に廻って、かなり難渋したのである。

クレア婆さんの頭の中には、仏教は世間的な執着を捨てて、精神の平和を求めるのを理想とするという考えがあり、一方には、日本人は物質的満足を求めて、働きすぎるくらい働くというイメージがあって、この二つがなかなかうまく結びつかないのである。両方とも、西欧人の間にはよくあるステレオタイプの考え方で、（と言っても、日本人でもこういうふうに——仏教については特にそうだが——考えている人が多いことはたしかである）ちょっと深く考えれば、（日本人なら）理解出来ることである。仏教で「執着を去る」ということは、「本来の面目」を、「真の自己」をあらわすための、「大死一番」を意味するのであって、蒼白い、生活意欲減退症にかかることではない。また、日本人の働き好き、ということには、物質的動機よりも、精神的な問題が大きい。この二つの、表面的には対立するように見える問題は、その根本では、同じ精神的土壌の上にある。

こういうことの説明は、専門的な本か雑誌にゆずるとして、ここでは、こういう問いを出す背後には、クレア婆さんのキリスト教的信念があるということを指摘したい。ことに、イギリス人に強い、社会奉仕の信念があることだ。つまり、われわれが住んでいるこの世間を良くしようと努力しないで、何の人生ぞ、という考えである。「良くしよう」というのは、病院とか学校とかを作ったり、身障者を援助したり、「ボート・ピープル」を助けたり、というようなことである。

それにくらべれは、出家遁世をしたり、瞑想にふけったりして、社会のことをあまり考えようとしない仏教は、ほんとうに人間の役に立つ宗教と言えるだろうか、ということになる。

これもまたよく言われることであって、そもそも、禅がはじめて中国に入ってきた時に、問題になっている。梁の武帝が、「仏教を信ずると、どういう功徳があるか」と達磨に尋ねたところ、「無功徳」と答えたと言われている。

梁の武帝は、たいへんな仏教信者になった。私も「無功徳」と言いたいところだ。（事実、説明を重ねることによって、達磨の精神からだんだん遠ざかってゆく気がしたものだ）。しかし、そんなことをお婆さんに言ってもはじまらない。人を見て法を説け、とは、お釈迦さまの言ったことでもあるだろう。

少し禅をかじったことのある人なら知っていることだが、禅に「十牛の図」という、修行の進境を十段階に分けて説明した絵がある。その十番目の絵に、「入店垂手」というのがあるが、これは、修行し悟り切った人間が、まったく俗人と同じような様子で、市井に戻って来ることを示したものである。その人間は、むしろ俗人にくらべると、馬鹿者のように見える、と説く本もある。この人間は、菩薩と同じで、衆生済度のために働くのだが、ここに到るためには、九つもの、たいへん困難な修行の段階を経なければならない。逆に言うと、人を救うということは、それだけ容易でないことになる。「非力の菩薩、人を救わんとして溺る」という言葉もあるそうだ。

　もちろん、この最終段階に到達しなければ、社会生活を送っても無駄だとか、社会事業に手を出すな、ということではない。十牛の図は「境界」、つまり心境の深さを示すもので、社会生活を送りながらでも、そういう「境界」は持つことが出来る。社会事業も、やりたければやったらいい。場合によっては、やらなければならないこともあろう。あるいは、やってはならない場合だって、あるかもしれない。仏教は、そういう場合の判断を、「時処位」によって決める、と言う。時と、場所と、情況である。すべてが変転してやまない、というのが仏教の世界観だから、われわれの社会生活も、そのように見ている。社会事業がどんなに貴重なものであろうと、それと悟りとをコミにしては考えてはいない。

「禅では、やりたいことをやれ、と言ってますよ。引っ込み思案になったり、考え込んだり、理屈をつけたりする人間を、いちばんいやがるんです」

「おや、わたしは、ゼンは瞑想をして、欲望を持たないようにすることだと思いましたよ」

「それは修行です。基本的な心構えです。柔道に自然本体という、基礎的な姿勢がありますが、それです。そこからあらゆる変化が生ずるのです。金儲けをしたかったら、したらいい。その金を慈善事業に使いたかったら、使ったらいい。人を助けようと思ったら、助けたらいい。殺そうと思ったら、殺したらいい……」

「人を殺すんですって」

「仏を殺し、師匠を殺して、進んでゆけ、という言葉があります」

「それは比喩でしょう」

「と言うより、『殺す』ということの精神的な意味を言っているのだと思います。しかし、実際に、師匠をぶんなぐった弟子の話は、たくさんありますよ」

「変わった敬意の表し方ね」

「禅は千変万化します。コンピューターのセールスマンにもなれば、ティー・セレモニーをする芸術家(アーティスト)にもなれば、人夫にも、職人にも政治家にも、学校の先生にも、何にでもなります」

「それじゃ、禅のいちばん大切なものは、何ですか。禅の中心になるもの……キリスト教では、愛です」

（やれやれ）と私は思った。（どうして西欧の人間は、いつも一言で解決したがるんだろう）

私はちょっと茶目気を起した。

「これですよ」

私は、皿の上の食べかけの、小石ほどのふくらしパンを示した。

「スコーンですって！」

「これを私が食べたとき、何と言いました」

「まさか、まずい、とは言わなかったでしょうね」

「『おいしい』と言いましたよ。これを口に入れたとき、ほんとうに、おいしい、と思ったんです。だから、心から『おいしい』と言ったんです」

「それがゼンと何か関係があるんですか」

「それが禅です。私はスコーンを愛する、という言い方は、禅ではしません。『愛する』と言えない場合はどうしますか。たとえば、このスコーンが石のように固くて、一口噛んで、おもわず『痛い』と言った場合。それでも、禅です。『愛する』ことが出来ない場合、キリスト教とは関係なくなるわけですか」

クレア婆さんは、ちょっと宙に視線をさ迷わせた。

「自然であるのがいいのなら、わたしたちは、何も努力しないで生きればいい、ということになりそうですね。それなら、どうして、修行したり、瞑想したりするんです」

こうなってくると、私も、馴れない単語を使って、何とか説明しなければならなくなってくる。このとき、私が強調したのは、「三昧（ざんまい）」ということ、「そのものに成りきる」ということだった。このとき、スコーンを食べて、「おいしい」と言うのと、そう変わらないことだ。私は、昔「庭先の柏の樹」という問題（公案）を与えられて、坐っているうちに、柏の樹に見えてきたという、中国の僧の話をした。

そのとき、クレア婆さんは、

「わたしにもそういう経験はちょいちょいありますよ」

と言って、次のような話をした。

夏の天気の良い日だった。二階の窓辺に坐って、裏庭一面に繁る雑草を眺めていたときだった。草の波打つ姿が、金色の焔（ほのお）のように見えた。いままでは、何でもない、ひっそりとした存在に思えたのが、何か恐ろしい力で、大地から伸び上ろう、伸び上ろう、としているようであった。その一本一本が、はっきりと、強く、何かを訴えているのがわかった。その巨大な力の絡み合いが、自分に与えた印象を伝えることは、とうてい出来ない。自分の心は、そのため、はち切れそうだった。高圧の電気をかけられたようだった。髪が逆立ち、自分がその草のように見えたとしても、驚きはしなかっただろう。
こういう体験は、コーンウォールで育った若い頃にも、野原などで、ときどき持ったことがある、と彼女は言った。コーンウォールというのは、英国の西側の、半島のように突き出た地域で、「地の果て」という岬があり、コナン・ドイルの『バスカヴィル家の犬』の舞台となった、怪奇伝説の多い有名な荒地なども、この近くにある。ここの住民は心霊的な傾向が強いと言われている。

クレア婆さんの体験は、禅で「見性体験」と言っているのと、同じもののように思えた。一週間ぐらいぶっつづけに坐禅をしていると、こういう状態になる。大根畑を見て、同じような体験をしたという文章を、読んだことがある。そうならない人もいるし、一晩坐り続けて、なった、という人もある。お婆さんは、何かのきっかけで、自然にそうなれるのだろう。自分と世界とが一枚になるのだ。

草が「金色の焔」のようだったとか、恐ろしい力で絡み合っているその一本一本が、自分に何かを強く訴えるようだった、というあたりが、日本人の非個性的な表現とは多少異なっているように思える。私は、ゴッホの、きらめき渦巻く力で天を目指す、麦畑や糸杉を思い出したが、ゴッホも心霊的だったにちがいない。（いまさらそんなことに気が付くなんて、と言う人もあるかもしれないが）

お婆さんの体験が、私に理解出来たのは、私にも同じようなことがあったからである。いちばん初めは、子供の頃、二階の座敷で一人で遊んでいたとき、物干台のむこうの空が（雲一つなかった）、急に、いままでとはぜんぜん違って見えた。何と言っていいかわからぬが、恐ろしいような、懐かしくてたまらぬような、空ではなくて、人格を備えた何ものかを眺めているような感じで、ひどく胸に迫ったのだ。その上、意味はわからぬが、空が言葉さえ、さかんに喋っているように思えた。泣き出しそうになったのをおぼえている。

二度目は、中学生の頃、田舎の道を歩いていて、色づいた葉がはらはらと落ちる木の前に、何気なしに立って眺めたときだ。急に時間が止った気がした。葉はつぎつぎと落ちているのだが、それが永遠の中で起こっている感じなのだ。世界の中に、その木一本しかない。

二十代を過ぎると、こういう体験は消えてなくなったが、おそらく、幼少年時代に、誰もが大なり小なり持つことなのだろう。たいしたこととは、誰も思わないので、忘れてしまう。しかし、どこか、心の片隅に残っている。

私の幼稚な体験も含めて、これを原体験と言うなら、日本人も、イギリス人も、その宗教体験の根底には、同じ基盤があると言える。あって当然だろう。お婆さんのような話を聴くと、ほっとすると同時に、それはそうだろう、という気になる。しかし、われわれが、「キリスト教徒」と呼んで、西欧の人たちを考えるとき、何かわれわれとは別なものを信じている人間たち、と思い易いのも本当である。だが、また、クレア婆さんのような体験をもたずに、われわれとは別なものを信じている西欧人の多いことも、事実であろう。

クレア婆さんは、自分の体験を、神の愛のあらわれ、というふうに解釈する。そこから、われわれとは違った方向へ進んでゆく。使命感が生まれ、すべきことと、すべきでないこととが、生ずる。学校や、病院や、恵まれない者たちのための施設などが、その先にある。

どこからこういう差が生まれてくるのだろうか。これを、地理的、歴史的、社会的背景から生ずる国民性の差だと、考えるだけでよいのだろうか。

クレア婆さんの家を辞してからも、私はしばらく考え続けたのだった。

一カ月ほどたってから、今度は、お婆さんをわが家に呼んだ。呼んだのは、お婆さんだけではなく、政府のある機関に勤めている若いイギリス人とその妻、インド人の心理学の教授、それにケンブリッジで卒業後の研究をしている日本人青年とその妻も一緒だった。

お婆さんは、SPRの大会のお別れ晩餐会に出たときと同じ服装をして、やって来た。金糸の縫い取りのしてある優雅なドレスには、何と呼んだらいいのか私には見当がつかないが、天女の絵などにある、背から頭の後ろにアーチのようにひるがえる肩巾のようなものがついていた。

私はぎくりとした。

私自身、普段よりは多少マシな恰好をしていたとは言え、スェーター姿だったし、ほかに呼んだ人々は、みな気楽な顔見知りで、改まった恰好をしている者はいなかった。テーブルに料理が並ぶと、私は客たちに、来てめいめい好きなものを取って食べてくれ、と頼んだ。ビュッフェ・スタイルである。

客たちは話をしながら、テーブルのまわりに集まって、妻の作ったツナ・サラダとか、ポト・オ・フとか、ちらしずしとかを、適当な褒め言葉を入れながら、取りはじめた。

そのとき、料理の説明をしながら、取るのを手伝おうとした私に向かって、

「これは日本式なの」

と、クレア婆さんが聞いた。

私は、最初、何のことを言われたのか、ぴんとこなかった。はっきりした返事をせずにいると、

「はじめてのことばかりで、まごついてしまうけど……」

と呟いて、

「でも、好きなものを、好きなときに、好きなだけ食べられて、とても効率のよいやり方だわね」

と言って、笑った。

「エフィッシェント」という言葉を聞いて、ピンときたのは、新聞などで、日本の技術、製品、生産管理、その他あらゆる面について使われるのがこの言葉だということで、それ自身悪い意味はないが、イギリス人特有の、含みのある使い方をする。「エフィッシェント・バット……」というわけである。クレア婆さんは、気軽に使ったのかもしれないが、私はちょっと意識した。

「いや、これはアメリカ式なんです」私は、あわてて、責任転嫁した。

「アメリカ式？」

クレア婆さんは、「オオ」と言った。「おやまあ」という感じの、多くのイギリス人が、「アメリカ式」という言葉を聞くときに発する「オオ」であった。

「わたしは、茶碗と箸で食べるのだと思っていましたよ」

クレア婆さんは、例の、いかにも嬉しそうな笑顔を見せた。

「これも、あなたの言った、『千変万化』ということなんでしょうね」

「そうです。そうです」

私は笑いで自分の狼狽をかくしながら、何度もうなずいた。

生まれてはじめて日本人の家に、食事に招待されたお婆さんは、ひょっとすると、イギリスのアパートで畳を敷いて暮らしている日本人といっしょに、茶碗と箸で食事をすることを想像して、やって来たのかもしれなかった。

私たちがビュッフェ・スタイルにしたのは、しかし、勝手気儘にしたわけではない。このとき同席していたインド人の心理学の先生の家に呼ばれたとき、ビュッフェ・スタイルだったのである。彼はある大学の心理学の主任教授で、そのときの客は、みな大学関係者ばかりだったから、インド人だから、そうしたわけではないだろう。イギリスでも、このやり方が、あるところでは行われている、と考えるべきではないだろうか。あるいは、大学のような職業仲間の間では、こういう簡便な方式が好まれるのかもしれない。

この後、われわれは、めいめい自分の好きなドリンクを持って、リビングルームへ行って腰を下し、話を続けた。

困ったことに、クレア婆さんの心霊話には、誰も興味を持たないのである。

「彼女は、幽霊といっしょに暮らした経験があるんですよ」

私が、ホストの役目から、話題を提供しても、誰も、おどろいた様子さえ見せてくれない。イギリスでは、そんな話はいたるところにころがっている。そればかりではない。心理学の教授は、うさんくさそうな眼をむけたし、イギリス政府の若い官吏は、小さいあくびを洩らした。

「危険、キケン」

と日本語で警告を発したのは、日本人少壮学者のM君である。彼は、積極的に発言するわけではないが、会話のなりゆきには深い関心を払っていて、ときどき批評めいたことを言う。

私は話題を変えて、犬の話を始めた。動物の話をしていれば、間違いない。どの国にも動物はいるし、優越感を持って喋っても、誰れも傷つけることはない。イギリス人の大好きな話題でもある。

犬については、私は、言いたいことがたくさんあった。イギリス人と犬について、研究し、本を書きたいくらいだった。この両者は、驚くほどよく似ている。犬も、イギリス人のように大またで歩くし、のっそりして口数が少ない。同じ環境の下で育つ動物は、同じ性格や顔付を持つようになるのだろうか。それなら、馬も同じようになりそうなものだが、イギリスにいる馬も、アメリカにいる馬も、日本にいる馬も、みんな同じ馬のようにしか見えないのは、どういうわけだろう。私は、シェリー酒の勢いもあって、なるべく座をにぎやかにしようと、調子に乗って喋った。

それは、犬が家畜として人間に接触する機会が多いのにくらべて、馬の方は、走る、とか、耕す、とかいう一定の目的のために飼育されるからだろう、と、私のとっておきのナポレオンを、もう半分近くも飲んでいた心理学者が言った。

「馬にも個性があります」と言ったのは、酒を飲まないクレア婆さんだった。彼女は紅茶茶碗をテーブルに置きながら、

「わたしはコーンウォールの田舎で育ったから、よくわかっています。一人一人の人間と同じです。のんびりした馬も、神経質な馬もいますよ。世界中の競争馬がみんな似ているのは、イギリスの馬が輸出されたからでしょう」

それから彼女は付け加えた。

「馬は霊的な動物ですよ。私は馬の霊を見たことがあります」

みんな黙った。

M君が口を出した。彼は早いピッチで飲んでいて、座の中ではいちばん酔っていた。

「馬の肉を食べたことがありますか。さしみにするとうまいですよ」

(彼は酔うと、イギリス人の前で、軍歌を歌い出すくせがあった)。この時は、お婆さんの

言ったことが、わからなかったにちがいない。

「イギリス人は馬の肉を食べませんよ。馬の肉を食べない唯一の文明国人です」

お婆さんはきっぱりした口調で言った。

「フランス人は食べますよ。文明の一つの証拠としてね。偏見の少ないことが文明の条件だとすればですな」

インド人の心理学者が言った。彼は毎年夏休みに、パリに行くのを楽しみにしている。料理と文学と女性に関しては、フランスの方が上だと思っている。

お婆さんはインド人を睨んだ。

「世界でいちばん初めに、動物虐待禁止法が出来たのは、イギリスですよ。ご存知でしょうけれど」

インド人は、へらへらと東洋風に笑った。私はその時、ある日本人から聞いた話を思い出して、それを確かめてみる気になった。お婆さんの前のテーブルの上にあった紅茶茶碗を指すと、

「それはボーン・チャイナですが、イギリスではこれを造るのに、犬の骨の粉末を混ぜるそうですね」

「ほう」

インド人の先生が、それはおもしろい、という顔で言った。

「まさか」クレア婆さんは、信じられないという顔をした。

「そんなことはぜったいありませんよ」

「誰がそんなことを言いました」

若い官吏が、英国人らしい無感動な顔で、聞いた。

「ある日本人から聞いたんです。ジャーナリストで、数年ロンドンに住んでいます」

「ああ、日本の陰謀だ」インド人の教授が、嬉しそうに言った。「戦争中われわれも、日本人について、よくそういう冗談を聞いたものですよ」

「冗談だとは思いませんよ。彼は大まじめでしたからね。しかし……」

私は、その可能性について、ちょっと考えたが、

「ボーン・チャイナと言うからには、何か動物の骨(ボーン)を使っているにちがいないでしょう。犬でなければ馬ですか。その方が英国らしいですね……」

「牛ということもある」

「牛の骨はあまりよくなさそうですよ。犬がいいのは、軽くて弾力があるから、ということでしたよ」

「皆さん(ジェントルメン)」クレア婆さんが、威厳のある声で言った。「その悲惨な話は、そのくらいにし

ましょう。わたしの知り合いに、陶器の商売をやっている人がいますから、今度その人に聞いてみることにしましょう」

クレア婆さんは、いちばん最初に席を立った。みんな敬意を表して立ち上ったが、誰も

まだ、帰ろうとは言い出さなかった。

私は階段を下りて、外まで見送りに行った。

芝生に囲まれた、まっ暗な駐車場の隅に、古い型の小さなオースティンがあった。ドアを開けると、明りがつき、彼女のいつもの子供のような笑顔が浮かび上った。私は、自分の思っていたのとはすっかり違った成りゆきになってしまったことに対して、何か言いたい気持ちでいっぱいだったが（多少はこの前のときの宗教談義の続きのようなものを期待していたのだ）、何と言ってよいかわからなかった。客の組み合わせのあやまりや自分の未熟さを、気まずくかみしめながら、お婆さんに向って、せい一ぱいの笑顔を作ると、

「来て下さってありがとう」とだけ言った。

「久しぶりに若い人たちといっしょになって、いろんなことを学びましたよ」

クレア婆さんの顔には、何のこだわりも残っていないように見えた。

彼女は、ダッシュボードの上にあった、古い毛皮の帽子を、両手で頭にぐいとかぶせる

と、ギヤを入れ、ハンドルを握って、前方の暗闇を睨んだ。その瞬間に、私は、彼女が一人になると、「霊(スピリッツ)」と話をする、と言ったことを思い出した。彼女の、いままでとはまったく違った表情から、彼女が別の世界に行こうとしているのだ、ということを理解した。

「グッドバイ」

私はその世界をうらやみながら、しかし、何となくほっとした気持ちで、ちらと微笑みをみせて闇の中に消えた、お婆さんの横顔に向って言った。

話はしかし、これだけで終ったわけではない。

それから数日たって、クレア婆さんから電話がかかってきた。いつもの甲高い元気な声で、

「ボーン・チャイナのことを、友達に聞いてみましたよ」と言った。

「あれはやっぱり、犬ではありませんでしたよ。牛なんだそうですよ。わたしの思った通りでした」

それから、例の、無邪気な嬉しそうな声で付け加えたのである。

「その牛の骨は、みんなインドから輸入されるんだそうですよ」

心霊治療、西と東

ロンドンで心霊治療に最初に出会ったのは、市の西部にあるオリンピアという大きな催し物場に、「心と体の祭典」(Festival for Mind and Body)という、自然食からヨガやピラミッド・パワーなどを含む精神運動の機関が集まって、九日間にわたって開いた大セッションを観に行ったときであった。武道館を一まわり大きくしたような大ホールの中に、それぞれの機関が、パネルで囲いを作って、活動のデモンストレーションをやったり、出版物を陳列したりしていて、その中に、テントを張って中を暗くした心霊治療の出張所みたいなものが二つ三つあって、白い治療着を着た若い女の子などが出入りしていた。

一応パンフレットはもらってきたが、この時はそれほど心霊治療に関心があったわけではない。ロンドンに着いて、一カ月ぐらいにしかならぬ頃で、もの珍しさが先に立って、先ずこの会の大きさに感心し、これだけの数の精神運動の団体が集まって、九日間にもわたって、講演会やデモンストレーションなどを毎日くりひろげるというような機運は、今の日本にはないし、また将来もないかもしれない、それほど英国の社会的不安が強いということなのだろうか。日本が経済的に英国より優位であるといっても、精神的な自覚や欲求という点では、むしろ後進国なのではないか、というようなことを考えていた。

日本人は横の繋がりをひろげることの下手な国民だが、誰かが呼びかけて、こういう大会を開催したら、評判になるだろうし、面白いにちがいない。英国では、自然食のレストランやスナック・バー、古代エジプトの心霊ダンスなどのエンターテインメントもあって、なかなか楽しいものだった。

ちょうどその後で、国営放送のBBCが、心霊治療について三十分ほどのテレビ番組を放映した。オリンピアでの大会が刺戟となって、そういう番組を作ったのかどうかわからないが、たぶんそうだろう。私も、オリンピアのことを思い出しながら興味深く見たが、そのとき、英国では心霊治療は、国民健康保険に加盟させるかどうかが問題になっているくらい盛んだということを知った。そういう強い要望があるので、この番組を作ったのだと、アナウンサーは言った。そのときゲストとして出ていた、普通の医師であり、且つ、ある心霊治療研究機関の責任者であるという、アレック・フォースという人が、心霊治療を行っている団体は、英国に数多くあり、二千人ほどの会員を擁している団体も珍しくはない、と述べた。そして、いま政府との交渉の窓口になっているのは、National Federation of Spiritual Healers という団体で、国民保険への加入も時間の問題だろう、とも言った。これは一九七八年四月のことであるから、今はもう加入が実現しているかもしれない。

わが国で心霊治療が公認の治療法として認められるためには、心霊治療の普及と共に、どういう形であれ心霊治療を行っている、団体間のコンセンサスと協力、さらに、治療の方法論の確立、が必要だろう。もう少し具体的に言うと、「コンセンサス」とは、どの団体における治療も、基本的には同じであるという認識で、こっちの方が格が上だとか、治療の力を特別な神様から授かっているのだとか、そのやり方は門外不出だとか、そういう考えを改めることである。「方法論の確立」とは、心霊治療の効用と限界とをはっきりと見極め、どういう形で現代医学を補ってゆくことが出来るかについて、共通の見解を作り上げることである。

心霊治療が現代医学の補完的な意味で用いられる点については、前述のフォース医師が、自分は医者だが、心霊治療が効果を上げる場合には、それを併用することに何ら抵抗はない、と言っていることにもうかがわれるし、アメリカのある総合病院では、医師の基本的な訓練のプログラムの中に、心霊治療が入っている、とも述べていた。

このように、海外で心霊治療がどのように医学と協力関係を作りつつあるか、ということを知ることは、今後の我が国での治療のあり方を探る上で、大事なことと思われる。「団体間のコンセンサス」ということは、極めてむずかしい問題をはらんでいて、そう一朝一夕には行くまい。その問題と基本的と思われる点について、私なりに考えてみたが、それは後の方で述べるつもりである。

先ず、心霊治療と言っても、具体的にどういうことを指すのかおわかりにならない読者のために、私の経験を通じて、英国の心霊治療の一端を紹介してみたい。

私が最初に心霊治療を受けたのは、まったく偶然であった。前に書いたと思うが、ジョー・ベンジャミンの「デモンストレーション」をアライアンス・ホールに見に行ったときに、間違えて、治療を待つ人の席に坐ったためだった。その席の先頭の人が呼び込まれるたびに、一つずつ移動してゆき、私もやがて、治療室の入口に近い席に達したのだった。呼び込まれて入ってみると、薄暗くした部屋の中に、三つほど椅子が壁の前に置いてあり、男女数名の治療師（ヒーラー）たちが、椅子に腰かけた患者の前に立って、施術していた。治療師たちは普通の人とまったく変わらない服装をしていたが、治療機関によっては、医師が着るような白衣を着ている。ＢＢＣのテレビで、実際に治療してみせたときの、若い女子の治療師（ヒーラー）がそうだったし、「大英心霊主義者協会」（ＳＡＧＢ）のヒーラーたちもみなそうである。どこの組織の場合もみなボランティアばかりのようで、見たところそれで生計を立てるのは不可能のように見えた。と言うのは、治療に対する報酬は、終わった後で患者が受け皿に置いてゆく志（ドネイション）だけで、少なければ十ペンス白銅貨一枚（約五十円）、多くても一ポンド紙幣一枚（約五百円）であったから。これらはみな個人の所得とはならずに、組織に行く。医師法との関係もあって、こうなっているのだろうが、治療してもらう者にとってはいいにしろ、年輩の、質素な身なりをしたヒーラーなどを見ると、何となく気の毒な気がする。しかし、こういう形で、医術の本来の精神が保たれているのは、よいことであるにちがいない。

椅子に坐った私の前に来た人は、穏やかな顔立ちをした小肥りの中年の男性で、着古したスーツを着て、地味なネクタイを締めていた。この人が前に来ると、電気のようなものが伝わって、私はぶるっと震えた。その後数回治療を受けたが、震えたのは、後にも先にもこの時だけだった。初めてで緊張していたのかもしれない。（施術中に、患者が失神したという例も報告されている）

彼は先ず、私の頭の上に両手をかざし、しばらくしてから、顔の側面に沿って動かしはじめ、肩から腕の先の方まで、静かに、撫（な）でるように、ほとんど触るか触らないかぐらいに、手をすべらせていった。私は、出来るだけ雑念を去って、治療の受け易い状態にしておこうと思い、軽く眼をつぶり、腹式呼吸をしていたので、よく見ることは出来なかったが、彼の手が、私の胸から腹、腰から膝、さらに背中の上から腰のあたりまで動いてゆくのが察せられた。

治療が始まってしばらくすると、ジョー・ベンジャミンが入って来た。（治療師との会話でわかった）。ときどき見廻りに来て、自分の弟子たちの仕事ぶりを見たり、指示を与えたりするためらしい。

私のヒーラーはそのとき妙なことを言った。

「ジョー。オルガンが聞こえるよ」

そのときオルガンなどは鳴っていなかった。あとで会が始まって、讃美歌を歌うまでは鳴らなかった。

「ふむ。そうか」とベンジャミンは立ち止まって、言った。「この人は霊能（サイキック）があるんだな、きっと」

治療が終わったときにも、また妙なことがあった。

私は治療が終わったのがわからなかった。眼を閉じていたので、前に立っている彼の動きが止まったことは感じたが、まだ手を、頭の上か胸の前にかざしているのだろう、と思っていた。

それがあまり長いので、私は薄く眼を開けた。手を垂れて、じっと立っているヒーラーの姿が眼に入った。すると、彼が言った。

「もういいんですか」

私はびっくりしたが、

「ええ」と答えた。そしてなんとなく嬉しくなった。

私が一種の霊感状態にあると、彼は思ったのかもしれない。あるいは、単に私がいい気分でいるのを、妨げたくないという気持ちだったのかもしれない。しかし、患者を中心に考えるという彼の態度からは、治療とは本来精神的なもので、それが行われている間は、治療者は黙って待つ、という、心霊治療にふさわしい考え方がうかがわれるように思えた。

それから次に、彼はこう言った。

「どこが悪いんです」

これにも私はちょっとびっくりし、また、あわてた。

私は好奇心からの飛び入りだったから、とくにどこかが悪くて、治療してもらおうというわけではなかった。しいて言えば、胃が弱く、軽い潰瘍を患ったこともある。また、英国に来て以来、腰に神経痛のような痛みを感ずるようになったが、これらは当時は病気と言えるほどのものではなかった。

彼は黙ってつき合っていてくれたのだろうか。

それとも、悪いところは無くても、心霊治療は心身のためによいのだという信念から、手を当てていてくれたのだろうか。

私たちは少し世間話をした。

私は、さっき彼が「オルガンが聞こえる」と言ったことを思い出して、どういうわけかと尋ねた。すると、

「そんなことを言いましたか」

という意外な答が返ってきた。

私は聞き違えたとは思わない。

I can hear an organ playing. と実にはっきり聞こえたのだ。しかも、ベンジャミンとやりとりまでしたのを知っている。彼が覚えていないとすると、彼はあのときトランス（精神集中による超意識）状態にあったのだろうか。

ベンジャミンのところでは、もう一度おもしろいことがあった。

いつか話したことのある、BBCに出向している日本人報道記者の友人を案内して行ったときのことである。「デモンストレーション」を見に行ったのだが、ついでだから心霊治療の方も覗いてごらんなさいと、すすめた。

彼は、べつに悪いところはないが、この頃少し胃が重いので、ひとつ行ってみましょう

か、と職業柄の気軽さで、出かけて行った。私は席に残って、荷物の番をしていた。

十五分ぐらいたつと、彼は驚いたような、嬉しそうな顔をして、ひょこひょこと帰って来た。

「びっくりしましたねえ」と言う。

椅子に坐ってしばらくすると、「どこが悪いんです」と聞くから、「胃の調子が悪い」と言ったら、「小蝦（シュリンプ）が見える」と言ったという。

そう言えば、たしかに、昨夜ある家でパーティがあって、小蝦（シュリンプ）のサラダが出た。わたしは蝦（えび）が大好きなので、ワインを飲みながら、たくさん食べた。いままで忘れていたが、たしかにそうです。恐れ入った、と彼は頭に手をやった。

食べ過ぎの消化不良と言われたらしい。

「小蝦（シュリンプ）が見えるんですかねえ」

と彼は自分の腹のあたりに眼をやり、私もそこにまるくなった小さい蝦の姿を想像したが、そんなものが今頃まであるはずはない。どうして見えたのか不思議だった。

この時のヒーラーは中年の男の人だったというので、私は、自分を診てくれたのと同じ人ではないかと思った。

心霊治療ではおかしなことばかり起こるというふうに思われては困る。私の妻はＳＡＧＢで、長年の肩の凝りを治してもらうために、ある老婦人のヒーラーのもとへ、地下鉄に乗り、ヴィクトリア・ステーションで下りて、毎週のように通って行ったが、べつに不思議なことを言われたとも、起こったとも、話したことはない。肩の方も、たいして良くなったわけではないが。

肩の凝りのような、精神か肉体かどっちが原因かわからぬものよりは、リューマチとか神経痛とか、もう少し原因のはっきりしているものの方が、ききめがあるようである。英国には、寒さと湿気のためにリューマチ患者が非常に多いので、心霊治療の役立つ機会が大きいのだろう。初めに述べたＢＢＣのテレビ番組でも、リューマチ患者が実験台になっていた。首筋と腰に強い痛みがあるという年寄りの男性だったが、十分ほどの治療の後で、不思議なほど軽くなったと、喜んでいた。もちろんＢＢＣでは、いままでに心霊治療の経験のない人を選んだのである。

心霊治療の不思議な効験については、本などでいろいろたくさんの例が報告されているので、私がここで並べ立てる必要はあるまい。また写真を使ったり、名前だけで、遠く離れたところにいる病人を治す「遠隔治療（ディスタント・ヒーリング）」或いは「不在治療（アブセント・ヒーリング）」は、心霊治療の重要な一部門で、ＳＡＧＢには特別な受け付け方式があり（特定のカードに書いて出しておくと、一定の時間に、担当のヒーラーが念を集中してくれる。患者は適宜に経過を報告することになっている）、ほかの機関でも、夜なら夜の一定時間に、集中的に行うようであるが、これについても、私自身としてとくに語るべきものを持っていない。

私が心霊治療に特に関心を持つようになったのは、ベンジャミンに「あなたも治療が出来るよ」と言われてからである。

最初私は、ひと事のようにそれを聞いた。いままでそんなことは、やってみたこともなければ、思ってみたこともなかった。しかし、そのとき思い出したのは、死んだ母がそれに似たことをやっていたことである。母のは手で触るやり方であった。押したりしたこともあったかもしれない。その頃、決定的な治療薬のなかった結核に、徐々に侵されていた母は、いろいろなことを試みていた。母の病には役に立たなかったが、母が手を当ててくれると、不思議と、私の頭の痛みや、腹の痛みがおさまった。それから、母の真似をして、腹具合が悪かったりすると、手を当ててみたこともある。自分でやっても、ある程度の効果があったという、漠然とした記憶があった。

ＳＡＧＢの女性の霊媒に会ったときにも、「治療が出来る」と言われた。

二度目にベンジャミンから同じことを言われたときに、私は聞いてみた。

「それじゃ、どうしたらいいんです」

「具合の悪い人間がいたら、手を当てることですよ」

ベンジャミンは、当たり前なことだ、という顔で言った。

私は、こういうふうにすれば、治療の腕を磨くことが出来る、というようなことを言われるかと期待していたので、ちょっとがっかりした。

「あなたはそのうち香港に行きますよ。心霊治療の勉強にね」

と言ったのは、SAGBの女性霊能者だった。

「やがて、治療の効果を上げるために、音楽を使うようになるでしょう」

とも言った。

未来予知の証拠に、あるいは、そんなことは信頼出来ないかもしれないという証拠に、ここに書いておく。

私はロンドンや、その近郊の三つほどの有名な心霊治療団体に電話して、治療者養成のコースのようなものがあるかどうか、聞いてみた。

あるにはあったが、いずれも、私のスケジュールとは合わなかった。

いよいよ香港に行かなければならないのだろう。

（念のために、その三つの団体の名前と住所を書いておく。二〇二二年八月現在もこの通り）

The Aetherius Society
757 Fulham Road, London, SW6 5UU
The Harry Edwards Spiritual Healing Sanctuary
　Burrows Lea, Shere, Guildford, Surrey
National Federation of Spiritual Healers
　Old Manor Farm Studio, Church Street
　Sunbury-on-Thames Middx.

こういう心霊治療の本部ばかりでなく、前にも触れたＳＡＧＢや、ベンジャミンの組織や、その他、たとえば、College of Psychic Studies や Arthur Findley College や、数多くの心霊主義者教会（スピリチュアリスト・チャーチ）など、ほとんどの心霊関係の機関では、心霊治療を不可欠の活動としているが（ＳＰＲは例外）、それは単に、大衆にアピールするということだけではなさそうである。英国では、多少霊能のある者は、心霊治療に関心を持つのではないかと思われる。ベンジャミンは言うまでもないが、若手の霊能者で、いま英国でもっとも人気の高いマシゥ・マニング（霊界の画家からの指示で、過去の大家そっくりの絵を描くことで有名。日本にも来たことがある)も、最近は心霊治療に多くの時間を割いていると語った。キリストが偉大な治療家だったということは、霊能者の多くが言うことだが、霊能者としては、単に死者との仲立ちとか、交霊術の見せ物的存在だけであるよりも、現実の人間に直接働きかける治療者として、そこに、神の力の仲介者、施行者としての、使命感を持つ喜びを見出すのだろうと思う。神の力の具体的な伝達方法としては、心霊治療のみが、唯一現実的なものである。そして、自己を何らかの形で社会に還元することを、倫理の基本的形態と考える英国人にとって、心霊治療はまさにぴったりの方法ではないかと思う。

不思議なことだが、英国にいると、そういう感じが素直にのみ込める。自分も、他人のために何かしたいという気になる。だが、日本に帰ると、何となく億劫(おっくう)になる。これには、職業上や生活上の制約もあるのだろうが、日本の空気の中には(東京の、と言い直すべきかもしれないが)、他人のことを考えようという気持を鈍らせてしまう何かがあるように思える。英国でそういう気になったのは、一口には言えないが、あの冷えびえとした気候、人気のないだだっぴろい芝地(グリーン)と、いかにも人生の悲哀を感じさせるくすんだ色の煉瓦の家並み、人生のサイクルを確実に感じさせる、花に埋もれた公園のベンチで夕暮れのくるのをじっと待っている老人たち、古い街を歩いているときの、自由さと、孤独感との混じり合った気持ちと、そこから湧いてくる人間に対する懐かしさ、そういったものが役立っていたに違いない。

私の怠惰の言い訳をしているような気もするが、日本に帰ってから、私は心霊治療を少し勉強し始めた。それこそ、ほんの少しで、一カ月に一回出かけて行って、二時間ほどの講習会に参加するだけである。そこへ行くようになったのは、私の大学の同僚である友人の紹介である。彼は子供の頃からそこの先生に診てもらい、弱かった心臓も丈夫になり、いまは、具合が悪かったりすると、自分で手を当てて直せるようになったし、母親が具合が悪いということを聞くと、母親の写真に手を当てて、痛みをとってやるという奇蹟的なことまでする。彼は、映像論とか、メルロ＝ポンティとか、フッサールとか、非常に新しいことを研究しているのだが、一方、いま言ったような、日本の古い淀みのようなところにも、足を突っ込んでいる。そして、ときどき、同僚たちが、腰が痛い、とか、頭が重い、とか言うと、宗教家のような顔になって、手を当ててくれる。そして、「ずいぶんひびきますよ」とか、「手が重くなった」とか言って、何かのしずくでも払うように、手を振るのである。

「ひびき」をつかむことが心霊治療の初歩だと言うが、私にはさっぱりひびかないので、手を当てていても、はなはだ心もとない。ベンジャミンの予言を信じて、続けるのみだが、しかし、英国の場合と少々考え方が違うということがわかってきた。実際に行っていることはほとんど変わらないのだが、背後の、眼に見えない部分についての、考えが違う。これは、日本人と英国人の世界観の相違とも結びつく、きわめて端的な例だと思うので、それを取り上げて、このエッセイの締めくくりにしよう。

英国では（と言っても、ここでは数年前に亡くなった、心霊治療の第一人者だったハリー・エドワーズの意見によって、代表してもらうことにするが）、心霊治療のエネルギーがどういうふうにヒーラーに伝達されるかについて、それは故人となった医師たちによってされるのだ、と言っている。私は前に、神の力が伝達される、と言ったが、それは「故人の医師」というワン・クッションを置いてされるわけである。エドワーズはこの霊界の人物を「スピリット・ドクター」と呼んでいる。（ほかにも二、三呼び方があるが、彼はこの呼び方を好んでいる）。ヒーラーたちは、この「スピリット・ドクター」に念を通じて、患者を治してくれるように頼む。すると、手が自然に悪いところに行き、診断や治療法が自ずと頭に浮ぶのである。

この「スピリット・ドクター」は、たいがいの場合、歴史上の有名な医師だということで、ギリシャやローマ時代の名医なども出てくるらしいが、エドワーズの場合は複数らしい。生きている医者と同じく、「スピリット・ドクター」たちもそれぞれ得意な分野があるので、病人によって違う医師が当たるらしい。ずいぶん丁寧なことだが、エドワーズのような有能な治療家だから、そういうことが出来るのかもしれない。私が四、五年前に、「リーダーズ・ダイジェスト」で読んだ、ブラジルの或る男は、ジェキル＝ハイド式に、突然外科医に変身するのだが、何度か外科手術をやった後で、この男の「スピリット・ドクター」は、そう遠くない前に亡くなったドイツの外科医で、生前外科手術に非常な執念をもっていた男だということがわかったという。

　こういう異常な例を、心霊治療家たちは、自分たちの仲間として考えることを嫌うに違いないが、近い過去に亡くなった医師が、「スピリット・ドクター」になるという場合もあるのかもしれない。ただし、危険なケースとなる可能性はある。

「遠隔治療(ディスタント・ヒーリング)」の場合も、エドワーズによれば、「スピリット・ドクター」に依頼して、遠くにいる患者の手当をしてもらうのだという。霊界の実在を前提とすれば、これは、極めて合理的な解釈だ。治療者の念が直接届く、というような説よりも具体的で、治療者と患者との間の空間的距離も、苦にはならなくなる。エドワーズは、このような治療者、「スピリット・ドクター」、患者の関係を「三角関係」と呼んでいる。

　これに対して、日本の場合はどうか。

　過去の医者が間に立つ、というようなことは、寡聞にして、聞いたことがない。もしあったとしても、ごく稀だろう。私が行っている会の先生は、光る球が見えると言う。肉眼にではない。眼をつぶると心眼に映るのである。そしてそれは、青とか紫とか桃色とかの、澄んだ、透き通った、さまざまな色をしているそうである。

もちろん、私などの眼には映らない。もう二十年以上も研究を積んでいるはずの、私の同僚の眼にも映らない。たとえ治療が出来ても、球を見ることの出来る人の数は限られているようであるし、いろいろな色の球を見ることの出来る人は、もっと限られている(ひょっとすると、先生一人かもしれない)のである。

治療のときに、光るものを見るという話は、私の母からも聞いたことがある気がする。私の禅の仲間では、接心(一週間前後の集中坐禅)のときに、腹の中に光る球が飛び込んだ、と話す者もいる。(その光る球は腹の中で膨らみはじめ、胸から頭に達し、遂に大閃光と共に爆発した。そのとき彼は見性(けんしょう)した、つまり、悟りを開いたのだと言った)

私は心霊治療についてたくさんの体験を持っていないから、光る球というものが、どれくらい普遍的な現象であるかはわからない。しかし、我が国では、良庵とか竹庵とかいう医者が出て来て心霊治療を助けてくれるという話より、光る球が出てくる、と言う方が遥かにそれらしく思える。何故だろう。何故光る球なのだろう。何故人間の霊ではないのだろう。

私には、ある一つの答があるが、それはあくまでも私が頭で考えた仮説である。ハリー・エドワーズや、日本の先生のような、体験に基づく仮説ではない。「スピリット・ドクター」も、「光る球」も、霊界の存在を認めた上で成り立つ説で、私の仮説もそこに根拠を持つ。

私の仮説をお笑い下さっても、相手にされなくても結構だが、エドワーズ氏や私の先生の意見には、長年にわたる体験の重みと、実証の裏付けがある。そのことを一言お断りしてから、先に進むことにする。

それでは私の考えとはどういうことかと言うと、「スピリット・ドクター」にしても、「光る球」にしても、基本的には同じだ、ということである。つまり、どちらも霊なのである。ただし、その霊の現れ方が、日本と西欧では、多少か、あるいは大いにか、違っているのである。

この違いを説明しなければならないのだが、どうも今のところ、あまり自信がない。自分としては、ほんとうは、もっと勉強してから述べたいところである。日本と西欧の霊魂についての考え方を、もっと知ってからにしたいと思う。西欧のいろいろな神秘思想、日本では、とくに神道の霊魂観（仏教についてもそうだが）などを、十分研究してからにしたいところだ。いずれそうするつもりではいるが、ここは、旅の話の序でというぐらいのつもりで、気軽にお聞きいただきたい。

人間は死ぬと、しばらくの間は生前の姿をしている、というのが、スピリチュアリズムの教えるところである。勿論肉体は無いが、あるように見えるのだ。

この説は、しかし、正しいのだろうか。

スピリチュアリズムの始祖のように言われるスエーデンボルグは、とくにこのことを強調した人で、死後の生活と生前の生活とは、コインの表と裏とのように続いていると言っている。これについては多くの霊能者たちの証言があり（ベンジャミンもその一人だが）、スピリチュアリストたちの重要なセールス・ポイントでもある。

私などが強く惹かれるのもこの点で、最初にスエーデンボルグを読んだときに、眼の前の暗い霧が晴れたような思いがした。誰も日本では、そのように霊界を教えてはくれなかったからだ。

これは日本人（日本人の教養の背後にある中国人やインド人を含めてだが）の怠惰によるものなのだろうか。

それとも、日本の霊界の特殊性によるものなのだろうか。

このことは考えてみる必要がある。

日本ではよく「人魂（ひとだま）」と言う。死ぬと人魂になって、よその家へ入ったり、海の上に漂ったりする。一方、『雨月物語（うげつものがたり）』の女の霊のように、生前の姿に戻って、帰ってきた夫の世話を、一晩ではあるが、まめまめしくする、というのもある。

仏教では、人は死ぬと「中有（ちゅうう）」の世界に四十九日留って、生まれ変わる機縁の熟するのを待つ、と言われているが、このときどういう状態でいるのか、何かに書いてあるのだろうか。十王明経というお経に、死後のことが書いてあるそうだが、人間のような姿をしていると、書いてあるかどうか。

神道の方ではどうだろう。死ぬと「み魂（たま）」になるのではないだろうか。人間の姿のままでいる、というようなことは、あまり聞いたことはない。黄泉（よみ）の国は人間社会のようではあるまい。高天原（たかまがはら）で霊たちはどのような姿で暮らしているのだろう。

死ぬと人は生前の姿を保つ、というのは西欧の特殊性で、「たま」になると考えるのは、日本の特殊性だろうか。人の死後について、それほどの違いがあるというのも、おかしな話だ。それとも西欧の人間は、死後の人間的存続を強調し、我々日本人は、そうではない状態の方を強調する、と考えるべきだろうか。これはあり得ることだ。

私はここで結論は出したくはない。こういう考え方もあり得る、ということを示すだけである。

死後、人間の姿でいる場合と、「人魂」のような球状の発光体でいる場合とは、西欧にしても、日本にしても、かなり融通性がある。つまり、入り混じっている。スエーデンボルグでも、光る球のような状態で人物が出現する表現があるし、ワード氏の『死後の世界』だったかに、主人公が人魂になって酒場に入ってゆく描写があったと思う。日本では最近の霊能者たち（たとえば高橋佳子とか村田正雄とか）の本には、スエーデンボルグのように、死者たちが生きている様子が書かれている。

しかし、人間的存在を主張するスエーデンボルグも、一定期間を過ぎると、別な状態になることを示唆している。霊たちは、より高い、より明るい天へ昇ってゆくと言っている。さすがのこの神から許された霊界の大探訪者も、そこまで行って見学することは許されず、もし行ったとしても、その世界の輝きに堪える視力がないから、たちまちもとの世界に戻るよりほかない、と言っている。この高い世界へ昇った霊は、再び地上へ戻ることはないそうだが、そこでは、我々人間の眼から見れば（見えたとしての話だが）それぞれが小さい太陽のように輝いている。

因縁果による転生を説く仏教でも、因果の法を断ち切るほどに法縁の熟した（悟った）人は、輪廻転生の宿業を脱して、仏天へ上ってゆくと言われる。そういう人は菩薩となって、衆生済度のために地上にやって来るのである。

神道では、黄泉の国の死者たちと、高級な霊が行くと言われる高天原との間に、どのような関係があるのか、私にはわからないが、やはりそこには霊魂の浄化、高級化（神格化）ということが働いているのだと思う。

大雑把に言って、死後の霊魂が、一定期間の何らかの浄化作用を通じて、地上の存在の痕跡をとどめぬ、言わば、純粋な霊魂、に成長するとは、東西の霊魂不滅思想に共通の考えではないかと思う。ただし、西欧のスピリチュアリズムにおいては、この「一定期間」は、人間の姿によって表象される時期だが、我が国ではそれがあいまいである。

以上のことから、私は、「スピリット・ドクター」と「光る球」とが、同じく、人間の霊だと推論するわけだが、しかし西欧ではなぜ人間の姿をした霊が出て来て、日本では姿を失った霊なのか、ということはわからない。どこまでも人間を中心に考える、具体性尊重の西欧的世界観の反映を、私は「スピリット・ドクター」に見るが、同時にそれは、現世に執着してやまない西欧人の姿をあらわしているようにも思える。「スピリット・ドクター」たちは、言わば、未だ成仏していない霊なのだろうか。その反対に、日本の心霊治療を助けている「光る球」たちは、浄化され、神格化された霊なのだろうか。それとも、日本の霊たちは、死後人間の姿をとることはあまりなく、これらの「光る球」も、藤原時代とか江戸時代とかに亡くなった医者たちなのだろうか。

日本には多くの神々がいるので、これらの「球」も容易に神々と結びつけて考えることが出来る。しかしつい忘れがちなのは、神々もまた我々の祖先だということである。私たちはつい神様たち個人の神格に満足して、その先の神様のことを考えることを忘れる。神様たちの神様、というような考えは、私たちにはあまり馴染みのある発想ではない。かくして神々の群雄割拠ということになる。

造化三神の中心と言われる天御中主神(あめのみなかぬしのかみ)も、キリスト教のような全知全能の造物主となったのは、後世のことだということである。

神様が群雄割拠なら、心霊治療の権威もまた、群雄割拠にならざるを得ないのは当然だろう。「スピリット・ドクター」を通じて働く全能の力の源である造物主に、すべての心霊治療家が結集することが出来る西欧にくらべて、日本の心霊治療家がまとまりにくいのは、このためであろう。

(「光る球」がいろいろな色を持っているということについても、私にはある考えがあるが、ここで述べるのは、未だ時機尚早だと思う。英国あたりでは、治療と色彩(カラー)との関係が早くから研究されていて、その源は、一八七八年に出版されたエドウィン・S・バビットという人の『光と色彩の原理』という本に遡(さかのぼ)るそうである。現在、色彩をもった光線による治療が、実際に行われ、教えられてもいる。心霊家たちは、オーラの色についての経験などからも、色彩ということを重視している。これが「光る球」の色と関係があるかどうかわからないが、おそらくあるだろうと思う。これについては、もっと臨床的な研究が必要であるが、色彩治療（カラー・ヒーリング）の原理については、本も多く出ていて、理解し易い。いずれ私も紹介しようと思っている）。

K嬢の指

一年間の滞在中もっともお世話になったところと言えば、何と言ってもSPRである。これまでも何度か触れてきたが、あまりいい印象を読者に与えなかったとしたら、それは私の責任である。私にはとまどうことが多かったのだ。この肌合いの違う機関と、何とか親身に付き合うことが出来たのは、まったくK嬢のおかげだったと言ってよい。

彼女が、二階のボタンを押して、玄関のドアを開けてくれたり、無数の手紙をタイプでたたき出す間を縫って、紅茶とビスケットを出してくれたり、私の家族のことを尋ねてくれたり、私が言葉につかえながら提供する話題を熱心に聞いてくれたり、その合い間に、会員の噂話を聞かしてくれたり、考えあぐんだ末に買って着ていった革の外套を褒めてくれたり、ときには、出版物の荷造りを手伝わしてくれるという親しさまで示してくれたりしなかったら、私はそうちょいちょい、あの薄暗い、ひんやりした、隠遁所のような、SPRを訪れる気はしなかったろう。

ロンドンの西南、ケンジントンの繁華な大通りに沿って壁のように並ぶ古い商店の一角に開いた、抜け穴のようなアーケードをくぐると、思いがけないほどの閑静な古い居住地区に出る。その名も、「アダムとイヴの隠れ家（ミュウ）（或は厩舎）」という妙な番地にある、ほんとうに誰かの隠れ家のような、白い小さな家の、固く閉った唐草模様の鉄の扉の前に佇（たたず）むと、なんとなく気おくれして、入らずにそのまま帰りたくなるのだ。プッシュ・フォンの小さい箱の中から彼女の声が聞こえ、「ジー」とベルが鳴って、ドアの鍵が「ガチャリ」と開くと、やれやれと思うのであった。

彼女はまた、月に一回ある講演会（レクチュア）の帰り途に、会員達がいっしょに行くレストランに誘ってくれた。講演会はいつも、近所の、市立図書館の地下ホールで行われ、終わると、SPR会長が講演者をもてなし、任意に会員が参加するという形で、そこからあまり遠くない「D」というイタリア料理店で会食することが多かった。任意に、と言っても、役員や古い役員のレギュラーが多いので、彼女が特に呼んでくれたのは、相当な好意からであるにちがいなかった。

正直に言って、私にはかなり気持ちの上の負担があった。ケンブリッジの大会以来、パラサイコロジストはどうも苦手だった。会長とか、何々博士とかいう人の傍にいると、いいかげんなことは喋れない気持ちで、食事の味もしなくなる。しかし断るのはK嬢にわるい気がしたし、なに、素人は素人らしく、悪びれずに振舞えばいいじゃないか、何事も経験だ、と腹をきめた。

イギリス人たちの眼から見れば、急に彼等の常連の中に毎回加わるようになった、たった一人だけ頭の黒い人間は、奇妙な存在だったろうと思う。しかし彼等はイギリス人らしく、礼節と距離を保っていた。もっとも、彼等自身の間でも、談論風発というふうには見えなかったから、ある程度似たような状態だったのかもしれない。私は、SPRが払ってくれる葡萄酒で顔を赤くしながら、もっぱらK嬢や、顔見知りの人間と喋り、ときには安全距離から、その日の講演者に質問した。

勿論、ときには葡萄酒で舌がなめらかになって、楽しく喋ることもあった。この夕食会（ディナー）がなかったら、私はSPRを、脚から寒気が這い上る図書室（ライブラリー）や、単純なことを難しそうに言っているとしか思えないようなレクチュアや、自分がいかに利口であるかを見せるために討論を挑む質問者や、不機嫌そうに、しかし辛棒強くそれを見守っている聴衆などと共に、記憶しなければならなかったろう。（もちろんそういうことばかりではなかったが、そういうことの方が、印象に残ったのだった）

しかし、ときには不都合なこともあった。

ある晩、講演会が終わったときのことだが、私は、ある会員から、いっしょにパブに行かないか、と誘われた。

「イエス」と言いかけて、夕食会のことを思い出し、「夕食会に誘われているのだが、あなたも行く気はないか」と聞いた。彼は三十そこそこのパラサイコロジストで、ケンブリッジの大会では、ポルターガイストのシンポジウムの司会を勤めた。SPRの中では活動的なメンバーであったから、行く気は十分あると思った。

「いや、ぼくはディナーには行かないことにしている」

彼は短くはっきり言った。

いやにさっぱりした口調だった。私は、今夜はディナーはやめにして、パブの方に行ってもいいと思ったが、いや、いや、K嬢に断ってからの方がいい、別に約束したわけではないが、来るつもりでいるかもしれない。自分はイギリスの習慣にうといのだから、勝手なことはしない方がいい、と思い返して、

「ディナーに行くが、そのあと、もし時間があれば、パブの方に行くから」

と言って、場所を聞いた。

ディナーが終わって、外に出ると、私は並んで歩いているK嬢に、L氏にパブに誘われたことを告げ、これから行くつもりだと言った。

「〇〇でしょう」

K嬢は、いつものように早足で歩きながら、ちらと私を見上げて、的確にパブの名前を言った。

「知ってるんですか」

私は、彼女も行ったことがあるのだろうと思った。

「いっしょに行きませんか、それじゃ」

私はいそいそと言った。

「ノー」

と彼女は言った。それから、ちょっと言いにくいことを言うときの微笑をそえて、

「彼は私が嫌いなのよ」

と言った。

彼女はそれ以上説明せず、また少し先の歩道に眼を落す姿勢に戻って、ずんずん歩いて行った。

このとき私は二つのことを同時に感じた。一つは、日本人なら、今夜はもう遅いから、というような適当な理由を言って断るだろうに、いきなり言いにくいことを言ったという賞賛の気持ちと、もう一つは、何があったんだろう、という疑問だった。

SPRの活動的な若いメンバーと、長年事務の大半を掌握して、会長の手足となって働いてきた、オールドミスのセクレタリー。そう並べてみると何があったか、察せられないわけでもない。

パブ「黄金の獅子」では、立ちこめる煙草の煙の中で、L氏が、ほかの二、三のSPRの会員と、ビターやラーガーを飲んでいた。ちょうど出たばかりのSPRの出版物に載った論文の一つが、ひどいものだと言って、なぜあんなものを載せたのだ、と一人が憤慨しているところだった。執行部のやり方が不満だという様子だった。この場の雰囲気から言うと、SPRの中の、執行部に批判的なグループの集まり、というふうに見えた。「黄金の獅子」は、さしずめ彼等の根城なのかもしれなかった。K嬢が、さっとその名を挙げたのは、そういう事情が背後にあったからだろうか。しかしこれは、偶然もぐり込んだ外国人の、誤った印象だったのかもしれない。

考えてみれば、どの団体にも多少なりとも派閥のあるのは、当然なことだろう。しかし、最初私はちょっとめんくらった。SPRを多少神聖視していたのかもしれない。SPRの建物のどこかにも、隠れたチャペルがあって、金色の十字架が光を放っているような気がしていたからかもしれない。（スピリチュアリストたちの集まる大英心霊主義者協会には、チャペルがあり、協会の中心となっている）。あるいは、対立のあり方が、日本のように陰湿ではなく、お互いに集まる場所までわかっているという、公明正大なものであるところからきたのかもしれない。

しかし私は困った。イタリア・レストランに行ったらいいのか、パブに行ったらいいのか。結局、私は日本的なやり方をした。両方へ顔を出したのだ。

K嬢に親しみを感じていたように、私はL氏も好きだった。「氏」というと、改まった感じになるが、むしろ「L君」と言いたいくらいの、誠実で熱意のある、そして少々融通のきかない、青年だった。そのかたくなな青くささが、講演会などで質問するときにもあらわれていて、最初私はあまり好意をもてなかった。(もっとも、質問するイギリス人にはみな好意をもてなかった、と言うべきかもしれない)。しかし、ある時、家の近くの町で、小さい女の子の手を引いて歩きながら、奥さんのために誕生日のプレゼントを熱心に探している彼に出会ってから、親しみを感ずるようになり、やがて家族同士で付き合うようになったのだ。

L君と「黄金の獅子」で飲んだことを、SPRに行った折にK嬢に話すと、彼女は一緒に誰がいたかと尋ねた。私は名前を挙げたが、それ以上のことは話さなかったし、彼女も聞かなかった。私が心霊研究のことで彼女に質問すると、ときどき、

「それはLに聞いた方がよくわかるんじゃないかしら」

と言った。べつにいやみではないようだった。

私はK嬢とL君の両方ともに仲よくした。そしてときどき、二人がどうして仲が悪くなったのか不思議に思いながらも、それをおおっぴらにしながら、それがこじれて、のっぴ

きならなくなるところまで行かずに、相手をただ睨みながら生きてゆくイギリス人を、おもしろいと思った。

彼女は言葉どおりのイギリス人(イングリッシュ)ではなかった。子供の頃、アイルランドから移住してきたのである。体が小さく、機敏で、絶えず体を動かしていないと気がすまない、といった様子は、アイルランド人の特徴だったのかもしれない。小さい白い顔に、トンボ眼鏡がよく似合い、まるい大きい枠の中で、利口そうな眼が、笑ったり、深刻そうになったりしながら、話のポイントに的確に反応して素早く動いた。

私は彼女に会うまでは、ＳＰＲのセクレタリーを、別なふうに想像していた。幽霊だとか、テレパシーだとか、浮世離れしたことに絶えず接しているのだから、おそらくどこか浮世離れしているのではないか。肥った体を、骨董的なテーブルの前にどっしりと据え、たまに見学や図書室を利用しに訪れる者と、ときにはわれを忘れて話をする。「わたしゃ、幽霊なんか嫌いでね……」と言ってみたり、娘や孫の話をしたり。それが一風変わっていて、自分は生きるだけは生きてしまって、遠くから彼等を見守っているというような話し方をする、そういうおばさんを想像していたのだ。

イメージが違ったからといって、失望したわけではない。ただ、二千人の会員を扱う事務を一人で切りもりし、月々の郵便物の発送、手紙の返事、依頼された本の包装と発送、銀行での金の出し入れ、講演会の手配、講師との交渉、そのほか突然何が起こるかわからないことを、ぜんぶ一人で処理するには、娘や孫のことを、自分が幽界にいるような調子で喋るおばさんではだめだということを、きびきびと動く彼女を眺めながら、つくづく思ったのである。

こんなことがあった。

私は二、三度、彼女にケーキを買って持っていったことがあった。

最初は、何気なしに、家の近所で買っていった。何気なし、と言っても、日本人ならわかるような「何気なし」である。彼女がいつも紅茶といっしょに出してくれる、缶入りのビスケットのお返し、という気持ちもあった。

二度目のときは、もう少し意識的な気持ちで持っていった。そのことをちょっとお話しよう。

二度目には、家の近所ではなく、SPRの傍のベーカリーで買って行った。そこにしたのは、最初買って行ったときにいろいろケーキの話が出て、彼女がおいしい菓子屋が近くにあると、教えてくれたからだった。

(ついでだから言うと、イギリスにはおいしいケーキを作る店が少ない。どこでも眼につくチーズケーキと、「ブラック・フォーレスト」と呼ばれるチョコレート・ケーキの二つだけは、ときどきうまいのに出合うことがある。しかし一般には、ただ甘いだけだったり、油くさかったり、口の中まで染まりそうなけばけばしい色付きだったり、微妙な味わいに欠けるものが多い)。

もう一つ、二度目にケーキを買っていった動機には、次のようなことがあった。最初に持っていったケーキを見たとき、彼女は、率直に喜びと感謝の気持ちを顔にあらわして、次のように言った。

「こういうケーキはいまとても高価になって、いつも食べるというわけにはゆかないのよ」

この言葉は私の頭に残った。というのは、街を歩いているときなど、ときどき私は求人広告を眺めることがあった。セールの品物の広告などと同じように、赤く派手に、職業と給料の数字とを書いた紙が、べたべたとウィンドウに貼ってあるのが眼に入る。好奇心から、足をとめて、職業と見くらべながら、数字を円に換算してみる。バスを待つときなどは、いい暇つぶしになる。

そこに出ている数字はどれもみな少なく、これで家賃を払って、よくやってゆけるな、と思うものが多い。「セクレタリー」というのもいくつかあって、やはり似たり寄ったりである。アメリカあたりではセクレタリーはかなり高給を取っている、という既成観念があるものだから、意外に思うのだが、アメリカから転勤になって来た友人に聞いたところでは、英国ではアメリカほど、セクレタリーは好遇されていない、という話なので、やっぱりそうかと思うわけである。

K嬢が、「こういうケーキは、今は贅沢品(ラグジュアリー)よ」と言ったときに、私の頭をよぎったのは、こういうことだった。もちろん彼女は年季の入った経験豊かなセクレタリーであって、街のウィンドウで見かける、その場しのぎの求人広告の相手でないのは言うまでもないが、それにしてもSPRの役員や大学の先生並みということはないし、大学の先生だってたいへんだということは、私の狭い交際範囲を見ても、よくわかるのである。で、次に行くときにも、私はケーキを買って行った。今度は、彼女が教えてくれたSPRの傍の店で買っていった。

彼女は半分嬉しそうな、半分困った顔をした。

「私が出すビスケットは好きじゃないの」

と言いながらも、紅茶を入れ、一階から、図書司(ライブラリアン)のD老人を呼んで、三人で話しながら食べた。

ケーキは半分ぐらいあまった。あまるように買っていったのである。私はそれをここに置いてゆくから、後で誰かに出すなり、持って帰って食べるなりしてくれ、と言った。

彼女は受け取らなかった。

「持って帰って、子供さんにあげなさい」

と主張した。

「それじゃ、そうしましょう」

私も、やがて折れて言った。

「この次からはビスケットにしましょう。いいでしょう？」

彼女は、ケーキの箱を持って去りかけている私に、デスクのむこうから言った。

このことにはいろいろな意味があると思う。私がその時感じたよりは、もっと複雑な意味があったらしいということを、今書きながら感じている。若い頃、アイルランドから出て来て、ロンドンで一人で暮らしを立ててゆくということが、どういうことであるか、われわれ日本人には想像もつかないが、このことが彼女の生活や行動のすべてに、影を投じているにちがいない。もちろんそこには、英国人としての共通のプライドとか、異性に対する意識とかもあるだろう。その上、日本人である私の習慣上の無知（たとえば、セクレタリーにケーキを持ってSPRを訪れるイギリス人などは一人もいない）ということなどが、問題を複雑にしていたはずである。

私はまた、あるとき、彼女をディナーに招待した。

そのとき、いちばん心配したのは、家が遠くて交通の便が悪いことだった。彼女は車を持っていなかったから、地下鉄で終点まで来て、バスに乗り換えなければならなかった。バスは一時間に三本か四本ぐらいしか来ない上に、一本ぐらい抜けることはよくあった。運転手の個人的な都合だという噂だった。夜遅くなると、もっとまばらになって、乗る人もあまりなく、樹木の多い暗い田園地帯を、ゴウゴウというバスの音（あの大きな二階建てバスはそんな音がした）を聞きながら走るのは心細かった。女一人ではなおさらだろうと思った。

とは言え、帰国も間近になってきたので、一度呼んで、感謝の意を表したいと思った。そう言うと、彼女は喜んだ。

「名誉ですわ」

と言った。私の家が遠くても、地下鉄の終点のある町に妹が住んでいて、帰りはそこに寄るから大丈夫、と言った。

私はほっとした。

しかし、食事に呼んで、

「名誉です」

と言われたのは、これが初めてだった。

その日は、彼女のほかにも二、三の人を呼んであり、彼女にもそう伝えたが、彼女が同席して困ると思うような者はいないはずだった。その点は安心していたが、「名誉です」というのはどういうことだろう、と思った。

そのとき漠然と頭に浮んだのは、アメリカから来た友人が教えてくれた、英国での「セクレタリー」の社会的地位のことだった。おそらく、SPRの会員の、「ドクター」とか「プロフェッサー」とか呼ばれる人が、彼女をディナーに呼ぶというようなことは、めったにないのではないかと思った。しかし、私は日本人だから、事情は違う。その点彼女も気楽に来られるのではないか、という気がした。

そんなことを考えているうちに、もう一つ気になってきたことがあった。

いままでディナーに呼んだイギリス人は、手ぶらで来たことはなかった。いちばん多かったのは、葡萄酒一本ぶら下げて来ることで、これは手軽で頭を使わずにすんだから、私たちもまねをしたが、飲まない人や老夫婦などは、手造りのケーキや、子供たちのためにキャンディなどを持ってきた。

K嬢も、女一人とは言え、何か持って来ざるを得ないだろう。子供たちにキャンディを買うとしても、一ポンドや二ポンドはする。その上、往復の地下鉄の運賃や（ロンドンの地下鉄は、ほかの物価にくらべてみて、ずんぶん高かった）バス代を考えると、いかに名誉なディナーだろうと、その栄誉を受けるために、数ポンドも払わなければならない。しかも、親戚の家に泊るということになると、そこにも子供がいて（という話だった）、また手土産を考えなければならないだろうし、時間的にも二日がかりということになる。私の家のディナーに来るのに、それだけのことをする価値があるだろうか。

私にはどうも、「ある」とは思えなかった。

余裕のある年金生活者や夫婦者なら、それもいいだろう。しかし、彼女のことを考えると、私の眼の前には、またも、街で見た求人広告の赤い数字がちらつくのだった。

結局、彼女は来なかった。

ディナーの日の二、三日前に電話がかかってきて、註文してあったカーペットがやっとその日に来ることになったので、家に居なければならない、と断ってきた。

「頼んでからもう三カ月にもなるのよ。今度やっと持ってくると言うから、家にいた方がいいと思うの。そうでしょ。そう思うでしょ」

と念を押す。

イギリスのサービスの悪さはこちらもよく知っているが、その日を逃したら、また三カ月待たなければなちないというほどではあるまい、と思う。しかし、

「そりゃ、そうですよ」

と答えて、受話器を置いてから、何となくほっとした気になった。

彼女がなぜ断ってきたのか、ほんとうのところはわからない。私が考えていたような理由ではなかったのかもしれない。最初から気がすすまなかったのかもしれない。

「名誉です」

と言ったのは、イギリス風な断りの意志表示だったのかもしれない。「お会い出来て嬉しかった」というのは、『さよなら』を言うのが嬉しい」ということで、「また会いましょう」というのは「当分会いませんよ」ということだと、あるイギリスの作家が書いている。また、雨が降っていると、「いい天気だ」と言い、晴れていると、「困った天気だ」と言う、イギリス人の挨拶とも共通していることだったのかもしれない。

カーペットはその日には来なかったということだった。

ある晩、講演会の後で、いつものように「D」へ行き、ほろ酔い気分でそこを出て、地下鉄の駅へ向って歩いていたとき、並んで歩いていたK嬢が、突然と言っていいくらい急に、私を見上げて言った。

「キヨ。人間にとっていちばん大事なものは何だと思う」

その前の話の脈絡を忘れたので、その部分だけが強く印象に残っているのだが、私は思わず、トンボ眼鏡の中の彼女の微笑している眼を見た。

どうしてそんな人生の重大事を、突然、しかも東洋人のこの私に、尋ねたのだろう。

恐らく、東洋人だからこそ尋ねたのだろう。幸福とか悩みとか悟りとかいうことは、黒い髪をして体の貧弱な東洋人の考えるのにふさわしいことだという、西欧人一般の考えが、彼女にもあったのだろう。また、英国にいても容易に周囲にとけ込めないアイルランド人の血が、私に親しみを覚えさせたのかもしれなかった。

「それは……」

私は、彼女が求めているものにふさわしい言葉を探して、言ってやりたかった。

商店の明りもすっかり消え、車やバスの往来もまばらになり、歩道には人通りもほとんどなく、大通りだけにいっそう淋しく、ロンドンの夜の街の凄ささえ感じられる通りを、厚い毛皮の外套に小さい体を包んで歩いてゆく、孤独な女性——貧しいアイルランドから出て来て、ロンドンで精一杯自分の生活を築き上げようとしながら、人生の盛りを過ぎ、独身で、仕事に熱中することによって、おそらく何かを忘れたいと思って生きている、そして、はりつめた神経の網の中で、ひそかに悩み続けているこの女性に、何か慰めになるようなことを言ってやりたかった。

「愛ですよ。それは……」

私の口から出たのは、極めて平凡な言葉だった。

しかしその言葉の中に、私は、いままでの自分の体験のすべてを込めて言ったつもりだった。

「毎日毎日、いっしょうけんめい生きることですよ」

と言っても同じだった。

「そんなこと、言えるもんですか」

と言ってもよかった。

その時の情況と気持とが、その言葉を選ばせたのだった。

「そうね。やっぱりそうだわね」

K嬢は大きくうなずくと、顔をほころばせた。おそらく、自分の考えていた「愛」を確かめたのだろう。

私は、突然口をついて出たその言葉の意味を考えながら歩いていた。

すると、しばらくして、彼女が言った。

「この頃手が痛むのよ」

彼女は、ハンドバッグを持っていない方の手を開いて前に出し、甲の方を見せて、何度か握ったり、ひろげたりしてみせた。

いつもはタイプライターの陰に隠れて見えない彼女の手を、私は初めて間近に見た。道が暗い上に、彼女はすぐに引っこめたので、あまりよくは見えなかったが、何本かの指が、繊細な彼女の体の部分としては、不釣合に大きくずんぐりして、色も変わっていたようだった。リューマチだろうと思った。私は、ロンドンのじわじわと人体を侵してゆく寒さと、窓の小さい、陽当りの悪い彼女の事務室とを思った。

タイプを打ちながら、彼女は、痛んだり、感覚が無かったりする指が気になって、ときどき曲げてみたり、さすってみたりするのだろう。もし、タイプが打てなくなったら、という怖れが、鋭く彼女の胸を刺すにちがいない。

そういうとき、彼女は、窓の中の薄曇りの空を眺めながら、自分の人生を考えるのだろう。アイルランドから出て来たときの希望。過去の恋人たち。まだ現れない理想の男性と、楽しい家庭の幻想。そして、いつの間にか指先に喰いついて、しだいに咬む力を強めてくる青黒い蛇。

「人生のいちばん大事なものは何なのだろうか」

「たとえ理想の男性が現れなくても、楽しい家庭生活が実現しなくても、これさえあればいいと思うようなものは、何なのだろう」

彼女はそう思ったのかもしれない。

私は何か具体的なことを言って、慰めてあげたかった。

頭に浮んだのは、SAGBの心霊治療だった。私の妻が、長年の肩の凝りを何とかしてもらおうと、通いはじめ、私も最初のときに、案内役となって行った。妻を診てくれたのは、白い診察着を着た白髪の柔和な顔の婦人だった。終わって、料金のことを聞くと、

「わたしには関係ないよ。ドアの外に盆があるから、いいだけ置いてゆきなさい」

どこか遠い世界のことのような話し方をした。

妻は毎週その人のところに通っている。夫や孫の話をよくするそうだ。夫は仏教徒で、仏教関係の組織で働いていると言い、私たちにもそこへ行ってみるようにとすすめてくれた。妻は、肩の治療もさることながら、その人と会って話をするのが楽しみで、出かけて行く。

私はK嬢に、SAGBの心霊治療を受けに行ってみてはどうですか、ともう少しで言いそうになった。言ったら、彼女に鼻であしらわれたかもしれない。SPRのセクレタリーがSAGBの心霊治療を受けに行っているなどということは、SPRにとってはスキャンダルだろう。SPRのイメージ・ダウンになりかねない。彼女の首が飛ぶかもしれない。それに、心霊治療で彼女の指がなおるという保証がどこにあるだろう。私の妻の肩凝りだ

ってなおらないのだから。

私は、SAGBの小さなチャペルの奥にある、青い光にみちた空間と、そこに浮ぶ金色の十字架を思い出した。そして、その前に立ったときの、安らかな気持ちがよみがえるのを感じた。

だがそれも、ほんの一瞬だった。

SAGBにだって、K嬢のような人間はたくさんいるにちがいない。あの青い、宇宙的な光にだまされてはいけない。あれは単なる照明効果に過ぎないかもしれないではないか。

だが問題は――と私は考え続けた。SPRのセクレタリーの指がリューマチに冒されていることだ。そしてそれを、SPRが直すことが出来ないということだ。これはおかしなことではないだろうか。

そんなことはあたりまえのことだ、と私の内の別な声が言った。

おまえは聞いたろう。ある晩、講演者が言ったではないか、

「私たちは、真実に到達するためには、じっと我慢しなければならないのです。たとえ、それをよけて通ることの方が、ずっと容易で、しあわせであるということがわかっていたとしても」

だが、ともう一人の私は、やはり頭を振る。どうしてかわからないが、ぼくには、SPRのセクレタリーの指がリューマチにかかっているということが、重要に思えるのだ。誰も研究の対象にしたことはないが、ポルターガイストや、スプーン曲げの研究発表と同じように、重要な気がするのだ。

「さようなら」

K嬢は固い小さい背中を向けて、霧の流れる街の暗がりの中に、今言ったことなど振り払うかのように、思い切りのいい靴音をひびかせて去っていった。

ゴースト・ハンター

ロンドンには幽霊が多い。ヨーロッパの都会の中では、いちばん多いだろうという話だ。ロンドンのどの通りをとってみても、何らかの霊的現象が起こらなかったところはあるまい、というのが、"Haunted London"(幽霊のロンドン)という本を書いたピーター・アンダーウッドという人の意見である。ある古本屋の主人は、通りを歩いている人間の半分は幽霊だろう、と言ったという。古本屋の主人が言ったというところがおもしろい。古本屋は、ロンドンでは歴史的な由緒のある商売であるし、市井の出来事に、冷やかで皮肉な眼を注ぐのに、これほどふさわしい商売はあるまい。もちろんこれは英国式の冗談であろう。

ロンドンがそうなら、英国中がそうである。郊外に、あるいは地方に旅行してみるとわかるが、全国いたるところに散らばっている城や僧院などに、幽霊が出るという話が非常に多く、観光名所にもなっている。

(ウォーリックという、英国でも五指の中に入る城を訪れたとき、大きな塔の中の階段を上ってゆき、ある部屋に出ると、そこで何代目かの城主が殺されたという由来話と、夜になると城主の亡霊が歩く足音がするという話を、繰り返しアナウンスしていた。その城の地下牢に入ったところ、昔の囚人たちの汚物がしみついていてまだ残っているのではないかと思われるほど、臭くて湿気がひどく、寒気までしたので、急いで出ようとして、うっかり壁にさわったら、指先に赤い液体がついた。誰かが赤インキか何かをつけておいたにちがいない。しかし、その晩、ほんとうに風邪をひいて、熱を出したのは、何となく滑稽だった)。

『ゴースト・ハンティング——その手引き』という本を書いたアンドリュー・グリーンという人によると、英国では年に約百五十の幽霊出現の報告があるそうで、報告されないものを含めれば、その倍はあるだろうという。その百五十件のうち、半分ぐらいがポルターガイストだそうで（幽霊そのものは出ないが、物音がしたり、家具が動いたりするということだが）、全体の約四分の一が昔からある幽霊の活動、全体の約四十パーセント、数にすると七十ほどが、新しい現象だそうである。

それにしても多いではありませんか。アンダーウッド氏は、世界の国で英国ほど幽霊の多いところはあるまいと言っているが、自慢になるかどうかわからないが、たしかに、我が国などにくらべると、生産性は抜群だと言える。どうしてこんなに多いのだろう。

もちろん気候のせいもある。ロンドンの有名な霧の中では、歩いている人間さえも幽霊に見えかねない。人間の心の中にも、この霧は、当然見通しにくい部分を作っている。

建物のことはさらに大事である。建物に執着をもって現れる幽霊もあるくらいだ。マシゥ・マニングが語ったところによると、彼の家に出た幽霊は、昔、パン粉の取引きで財をなした商人で、町の中でもひときわ立派な屋敷を建てたのだが、その家に現在住んでいるマニングの家族に我慢がならず、出て行ってくれと要求し、そのために音を立てたり、物品を隠したり、動かしたりしはじめたのだという。自動書記によって、それがわかったそうで、いまでもヴィクトリア時代だと信じていて、マニングがいくら時代の違いを説いても、納得しなかったということだ。

石と煉瓦(れんが)で造った英国の建物は、爆撃でもされない限り壊れない。英国を旅行する楽しみの最大のものは、昔ながらに保存され、保存されているばかりでなく、現在も人々が生活している、町や村々を訪れることである。場所によっては、一つの町や村全体が昔のまというところもある。ロンドンから南へ、車で二時間ほど行ったところにあるライという港町は、十八世紀に密貿易港として栄えたところだそうだが、丘の上にあって、海ばかりでなく陸路も見通しがよく、しかも川によって孤立していて、なるほど密貿易にはもってこいの地形のように見えたが、密貿易者たちが集まったという宿屋も、荒い丸石を敷きつめた坂道も、すべてが当時の風情のままで、それまでに、ケンブリッジとか、ヨークとか、バースとかの、有名な古い町を見馴れた私たちも、思わず感嘆の声を上げたほどだった。古くても、過去の遺物といった、荒れた感じはない。これは英国中どこへ行ってもそうだが（「荒れた感じ」というのは、むしろ、十九世紀以後に建てられた工場とか、公共住宅とかに多い）、だから古い建物を見ても、親しみが湧く。ああ、こんなところにも人が住んでいる、いったいどんな暮らしをしているのだろう、という一種の懐かしさを感ずるのである。

この気持は、幽霊に対しても感ずるものだ。幽霊とても、その古い家の何代前かの住人にちがいない。はたから見れば、代が変わっただけで、いま鎧戸の中に隠れて見えぬ人間を思う心も、そこに百年前にいた人間を思う心も、同じである。幽霊がいっしょに住んでいそうな感じは、どの家にもあるし、その家の中で動きまわる人間も、幽霊のように思える。

イギリス人は、幽霊に対してそういう親しみを感じているのかもしれない。英国人全体というわけにはゆかないだろうが、彼等が比較的幽霊に対して寛大であり、幽霊の生存権を認めようとする底には、こういう気持ちがあるのかもしれない。我々日本人のように、すぐ坊さんを呼んで来て、一刻も早く成仏して、どこかへ行ってもらおうというようなことはしない。

あるとき、SPRが主催した講演会で、講師が約百五十人ほどの聴衆に向かって、皆さんの中で、自分の家に幽霊がいる人は手を上げて下さい、と呼びかけたことがあった。さすがにすぐに手は上らなかったが、「どうぞ遠慮なく」という講師の声に応じて、一人の中年の紳士が手を上げた。ちょっと瘦せた、どこか厳しさのある顔付きの人で、場内の照明のせいもあったかもしれないが、その人自身が幽霊のような感じだったのが、何となくおもしろかった。あるいは、実際に、幽霊がそこに坐っていて、手を上げたのかもしれない。とにかく、「自分の家に幽霊のいる人」と言われて、悠然と手を上げるなどということは、我が国ではまずあり得ないだろう。おそらく、その紳士は、古い家に、もう何年も幽霊といっしょに暮らしているにちがいない。その友人のことを理解しようとして、この会合に出てきたのだろう。そしてそういう人は、英国中に何人もいるに違いないのである。

たとえば、「ゴースト・ハンター」という人たちがいる。英国中に何人ぐらいいるか知らないが、そのために前述した『ゴースト・ハンティング』というペーパーバックの本が出ているくらいだから、かなりいるにちがいない。もっとも、心霊現象に興味を持っている者は、みな潜在的なゴースト・ハンターだが、ほんとうに「ゴースト・ハンター」の名に価するのは、もっと真剣に幽霊を探して歩く者たちであるらしい。これは私の推察だが、「バード・ウォッチング（野鳥の観察）」とか「プレイン・スポッティング（飛行機の観察）」とか「UFOハンティング」などのように、最近になって出てきた趣味ではないかと思う。

　BBCテレビが、ゴースト・ハンターの特集をやったことがあったところから見ても、最近眼につくようになってきたのであろう。英国とは妙な国で、ひどく保守的かと思うと、スポーツや趣味などで、世界にさきがけて何かをはじめるというところがある。ゴルフやサッカーやテニスなどが、みんな英国からはじまったということは、ご存知の人が多いだろう。それでいて、盛んになるのはよその国だ、と皮肉る人もいる。「バード・ウォッチング」というのが英国で始まったかどうか、確信がないが、「プレイン・スポッティング」という、鳥(バード)のかわりに飛行機(プレイン)を、同じように望遠鏡や双眼鏡で見て、機種を当てたりする遊びは、英国産だということを、私は、BBCに勤めていて実際にその取材に当った人から聞いたことがある。戦闘機や爆撃機も、こうやって眺めていれば平和でいいが、中近東を旅行していた英国人が、「プレイン・スポッティング」をやっていて、スパイ容疑で逮捕されたという話もある。

　切手、古書、マッチのラベルその他、およそコレクションで、英国に範をとらないものはあるまい。「コレクション」という言葉自身が、英国では趣味の代名詞になっているらしい。大英博物館という立派な見本があるし、自分のところには無い世界一ばかりを集めて、本にもしている。

ゴースト・ハンティングは、この新奇なものに対する英国的な情熱と、コレクションに対する趣味とがまじり合ったもののように思える。ゴースト・ハンターたちは、テープレコーダーや、赤外線写真機などを肩からかついで、幽霊が出るという噂のある古い僧院や墓場に出かける。前に、エンフィールド・ポルターガイストの話のときに、モーリス・グロス氏が、何百巻というテープを録音したが、いったいそれをどうするのだろうかと不思議に思ったと言ったが、そんなことは英国人にとっては何でもないことなのだ。家に納まらなくなったら、博物館を作ればよいのである。そんなことを気にする人間は、何千種類もの切手を集めて、どうするのだ、と聞くようなものである。

テレビでは、古い僧院の内部で夜を明かして、怪しい物音や光を採集する様子が出ていた。と言っても、画面はまっくらで、ハンターたちの囁きや、体を動かす音などが聞こえるだけ。夜中を過ぎた頃、たしかに、鉄製のドアの閂（かんぬき）がきしる音らしいのが聞こえ、その後で、ため息のような、うめき声のようなものが聞こえ、しばらくして、天井に近い壁に、ぽつんと光の点のようなものが見えた気がしたが、それが幽霊のものであると信ずるには、あまりにもあっけなく、また、現場にいないだけに、疑えばいくらでも疑えるというものだった。いくらかでも救いだったのは、テレビの解説者が、「あの声はいったい何だったのでしょう。冥界をさまよう死者の恐怖にみちたうめき声か、それとも……」というような、安っぽい大道香具師的なことを言わなかったことである。

こういう野外活動型のハンターたちに対して、自分の家で寝ながらじっと幽霊の現れるのを待っているタイプもある。イギリスの、あの、土地に根を生やしたような家屋がなければ、考えられないホビーである。こういう人たちは、もし自分の家に幽霊が出る幸運に恵まれていなければ、出るという噂の家を買って住むのである。幽霊が出るからといって、値段が安いとは限らない。おそらく、立派な幽霊が出る家は、値段も高いにちがいない。テレビに出ていたゴースト・ハンター氏の家は、ロンドンの郊外の田園にあって、幽霊は戸口から出入りするということで、ハンター氏が古い石畳の戸口を示して見せていた。陽がうららかに当たっていて、野道の続くその戸口は、とてものどかに見えた。近所の子供が遊びに来ていて、いっしょに不思議そうに石畳を眺めていた。

ハンター氏は三十代の恰幅のいい男で、幽霊などを相手にしているせいか、どことなく動作がスローで、身なりもあまりかまわない様子だった。戸口に続いた部屋にベッドを置き、そのそばに、戸口に向けて、三脚の上にカメラを据えつけ、ベッドに寝ながらでも、紐を引っぱると、シャッターが下りるようにしてあった。夜中に怪しい物音がして、眼を覚ましたら、紐を引っぱるそうだが、まだ成功したことはないらしい。赤外線写真機かどうか聞き洩らしたが、おそらくそうなのだろう。そばにはテープレコーダーもあって、同時に作動するようになっていた。とにかく、非常に金がかかる。金と暇がなければ、ゴースト・ハンティングなどなかなか出来るものではない。(安上りの方法も、『ゴースト・ハンティング』の著者は紹介しているが、立派な成果をあげようと思えば金がかかる。いずれにせよ、暇だけはどうしても見つける必要がある)。

奥さんが画面に出て来なかったところをみると、この人は独身なのだろう。昼間は何をしているのだろう。学校の先生？　地方の公務員？　それともスーパーの店員？　いずれにせよ、彼のもっとも関心のあるのは夜だ。昼の生活は、夜を意義あらしめるためのものなのだろう。『ゴースト・ハンティング』とか、『幽霊の英国(ホーンテッド・ブリテン)』とか、SPRの『ジャーナル』とかを、仕事の合い間にはたくさん読んで、研究しているのだろう。しかし、もうかれこれ二年になるというのに、まだ幽霊の写真を一枚も撮ることが出来ない。怪しげな音を聞いたが、体が動かなかったり、撮っても写っていなかったり、いろいろ事情はあるらしい。もちろん写すことが出来れば、ネッシーの写真以上の値打があるだろう。『デイリー・ミラー』や『サン』などが高く買うかもしれない。それにしても、二年に一ぺんや、三年に一ぺんでは……。金のためにすることではない。では何のためか。名誉心？

単なる好奇心？　幽霊を信じているから？　未知なるものに対する情熱？　十年、二十年たって、それでも幽霊の写真が撮れなかったら、ほかに活用出来たかもしれない歳月――もっと友達も出来、幸せな結婚生活を送ることが出来たかもしれない歳月をかえりみて、ハンター氏は何と思うだろうか。いや、そんな考えはまったく月並みで、切手を集めたり、蝶を集めたりするのに情熱をもやす人間を憐むのと同じくらい、ばかげたことだろう。人間は、じっと坐り続け、頭の中を空っぽにすることにだって、情熱をもやすのである。幽霊を信ずるぐらいはなんでもあるまい。

私はある時、一人のゴースト・ハンター氏と話し合う機会を得た。ロンドンで「ゴースト・ツアー」のガイドをしている人物で、たまたま私がこのツアーに参加したのである。

実は、彼のことを、もっとはじめから話すつもりだった。彼が「ゴースト・ツアー」で話したエピソードをいくつか紹介して、ふつうの観光案内とは違った角度からの、ロンドンの風物詩を描いてみるつもりだったが、話の都合で、つい最後になってしまった。多少風物詩的なエッセイのつもりなので、二つ三つロンドンの幽霊話もお話しようと思う。

その前に「ゴースト・ツアー」について一言。これは数多くある「ウォーキング・ツアー（歩くツアー）」の一つで、その案内書はヴィクトリア・ステーションのそばにある、ロンドン・ツーリスト・ボードで手に入れることが出来る。普通のバス・ツアーが総論的だとすると、これは各論的で、雑誌などで言うと、特集記事のおもしろさがある。「ディッケンズのロンドン」とか、「シャーロック・ホームズの足跡を尋ねて」とか、「ロンドンの大火」とか、「切り裂き魔ジャック」とか、「パブめぐり」とか、いろいろテーマがあって、一時間半から二時間（「パブめぐり」は三時間）、ガイドがそれにちなんだいろいろな場所へ連れて廻って、テーマにまつわるエピソードを話してくれる。見て廻るというのではなく、話を聞くツアーである。歴史の実物教育をしてもらっているようなものだ。相当ロンドンの歴史に通じている者でないと、ガイドはつとまらない。中には本を出しているガイドもいる。いかにもイギリス人らしいのは、それぞれのガイドがみんな個人企業で、自分のツアーの特色を出すために頭をしぼっていることだ。便宜のために、何人かが組になってプログラムを作っているが、ある会社がノーハウを持って彼等を雇っているというわけではない。中には、夫婦で、独立した印刷物を出している者もある。何人ガイドがいるかわからないが、毎日二、三組のツアーが出発し、一カ月に三十種類近くの番組をこなす。指定された地下鉄の駅の入口に集まって、最初に料金を払い（一九七八年、八十ペンス、約四百円）、あとはガイドについて歩いて、くたびれたら、消えてなくなればいい。ガイドは決して探すようなことはしない。途中で人数が増えるというようなこともあるが、こういうときだけ、ガイドは敏感である。ロンドン在住のイギリス人の中にも愛好家がいるほど、味のあるツアーである。日本人にはあまり知られていないようだが、言葉が多少わからなくても、「パブめぐり」などは、めずらしい古いパブに入って見るだけでも趣がある。ガイドの話を聞くかわりに、シェリーを楽しんでいればよいのである。

さて、私と妻と二人の子供たちが行った「ゴースト・ツアー」は、晩の七時半に、ロンドンの西、トラファルガー広場からそう遠くない、エンバンクメントという地下鉄の駅の出口を出発した。ツアーのタイトルは「ウエストエンドの幽霊」。ガイドは、銀行の勤めが終わって来たような感じの、ふくらんだ茶の書類鞄を抱えた、やや額（ひたい）の禿げ上った、大柄の若い男。大きな愛想のいい声。鞄の中から取り出して、集まった客に手渡した印刷物は、別な日に別な場所で自分がやっているツアーの案内。客は十四、五人で、アメリカやヨーロッパから来た観光客がほとんどのようだったが、地方から来たイギリス人もいたかもしれない。子供連れは我々だけ。散歩代わりに連れてきたのだが、料金はただ。

ガイド氏は、表通りから、街燈のあまり明るくない、石の建物の重い影が重なり合う裏通りへと、我々を連れていった。

この辺、即ち「ウエストエンド」は、由緒ある劇場の集まっている地域で、俳優とか劇場関係者の幽霊が多い。ロンドンの幽霊というと、まっ先にロンドン塔を思い浮べるのが普通だろうが（事実、王侯貴族の幽霊もたくさんいるが）、劇場関係者が意外に多いのに驚く。芸能人仲間には嫉妬や羨望や野心が渦巻いていて、名誉や富に対する執着も人一倍強いのは、古典劇時代の英国も変わらなかったのだろう。王侯貴族と芸能人、それに野盗や犯罪人などのグループが、英国幽霊の代表である。もっとも欲の深い連中と言うべきか。それに、不思議なことに、尼僧の幽霊が案外多いのもおもしろい。浮世から隔離された僧院の中で、ますます浮世への執着をつのらせていたのだろうか。

その晩、最初に紹介されたのは、アデルフィ劇場の支配人で役者だったという、ウィリアム・テリスという人物だった。彼は、ある晩劇場の裏口で、仲間の役者に刺されて死んだ。当たり役だったテリスに対する嫉妬と、自分の役に対する不満から刺したらしい。息を引き取るときに、「また戻ってくる」と言ったとか。その後、化粧部屋の扉をたたいて、化粧中の女優を驚かせたり(テリスの挨拶の仕方だったという)、舞台を横切ったり、近所の地下鉄の構内に現れたりしたという。

役者の幽霊の中には、舞台の上で、大勢の観客にも目撃されたのがあったらしい。カーテンを開けると、舞台の奥に見知らぬ人物が腰かけていて、いつまでも動かない。あれは誰だということになり、急いでカーテンを閉めて調べに行ったが、誰もいなかった、というようなことがあった。演技をしていた役者たちは気付かなかったのだろうか。

ちょっと変わっていたのは、蝶の出る話である。ある劇場で、蝶を使う芝居を上演することになったが、演出者が、上演間際に死んでしまった。その後、その芝居をしようとすると、たとえ季節が冬でも、どこからか蝶が飛んできて、事務所の中を飛び廻るという。その話は有名になり、論議の的になったので、ある年、実際に蝶が飛び込んできたときに、新聞社を呼んで、写真を撮らせた。その写真が事務所の壁にかかっているそうである。

役者の話はこれくらいにしよう。

日本にありそうな人情噺がある。

場所はイングランド銀行。十九世紀のはじめに、一人の見習行員がいた。銀行家としての華やかな生活を夢みた彼は（英国では、最大の出世は銀行家――銀行員ではない――になることだったのであり、今もその傾向は変わっていない）高級マンションに住み、すでに一かどの人物になったつもりで、賭博（とばく）や、いかがわしい遊びにふけっていたが、当然のことながら負債がかさみ、遂に悪友たちにそそのかされて、小切手偽造をした。裁判の結果、死刑となった。この男に十九歳の妹がいたが、気立てのいい娘だったとみえて、周囲の者たちは彼女に兄のことを伝えなかった。兄思いの彼女は、兄がいつまでたっても現れないのに不審を抱き、問合せのために銀行に行った。そこで初めて事情を知った彼女は、打ちのめされて帰ってゆき、その日から気がおかしくなった。それから毎日、彼女は銀行に現れるようになった。

「兄さんは」と聞く。

「今日はいないよ」と答える。

「来たら、私が尋ねて来たと伝えて下さい」

そう言っても帰らず、日が暮れるまでその界隈を歩き廻る。こういうことが四十年続いた。銀行員たちはときどき彼女に小遣を与えたり、年金が受けられるようにしてやったりした。友達たちは、彼女に小さい部屋を確保してやった。彼女はいつも口紅をつけることを忘れなかったらしい。それも思い切りつけたらしい。そのため、喪服を脱いだことがなかったこともあって、「赤と黒(ルージュ・エ・ノワール)」とか、「黒衣の尼」とか呼ばれた。死ぬと、近所の教会の墓地に埋葬されたが、偶然にも、墓地は銀行の内庭になった。彼女の黒い姿は、いまもそこに現れ、彷徨(さまよ)うのだそうである。

銀行の人たちや、彼女の友達たちが、いろいろしてやった、というところがよかった。周囲をとり巻く怪物じみた石の建物を眺めていると、こういうくだりが意外に新鮮に思えてくるのだ。

それからわれわれは、「クレオパトラの針」と呼ばれるオベリスクの立つ、テームズ河のほとりの「自殺の名所」で起こった生き霊の話を聞き(これはツアーの初めのころだったかもしれない)、次いで、高級マンションにとり囲まれた広場(スクエア)に行って、その一つの家を見上げながら、出会ったら命を落すか気が狂うと言われている、怪物の話を聞いた。

そこから、石畳のかなり広いテラスに出ると、左手にはグレコ・ローマ風建築の屋根越しに、トラファルガー・スクエアの上の赤らんだ空が見え、右手には、バッキンガム宮殿に続くマル(大並木路)を隔てて、セント・ジェームズ公園の暗い森が眺め渡せた。

私たちは胸壁によりかかって休んだり、遠くの夜景を眺めたりした。夜風が快かった。

私のすぐそばに、ガイド氏が、順調に仕事が進んでいる満足感を顔に浮べて、最後の仕事にかかる前のひと時の余裕を楽しんでいた。

「あなたはずいぶん楽しそうに仕事をしますね」

私は、この愉快げな巨漢に、声をかけずにはいられなかった。

「たくさん幽霊を見てこられたんでしょうね」

意外なことに、巨漢の答は、「ノー」だった。

何遍も同じことを聞かれてきたに違いない。微笑を浮べながら、彼は当然のように、

「まだ一度も幽霊を見たことはない」と言った。

「しかし、幽霊がいることは、信じているんでしょう」

私も微笑した眼を斜め上に向けた。

「さあ。イエスでもあり、ノーでもある、というところですな」

「それはどういう意味ですか」

私は、昔からこういう質問の場合によく使われる、同じような答を思い出して、はぐらかされた気になった。

「一般に人が、『幽霊がいる』と言うときに考えるようなふうには、幽霊はいないという意味で、『ノー』です」

「じゃあ、あなたがいままで話してこられた幽霊譚は、想像の産物か、作り話だぐらいに思われるわけですか」

「いや、あれは事実だと思います。全部が全部そうじゃないかもしれませんが。人々が幽霊を見たのは、本当だと思います。単なる想像だけで、こんなにたくさんの人が、同じ場所で、同じような幽霊を見るとは考えられません」

「それはしかし、本当の幽霊ではないのですか。よくわかりませんね」

「問題は、幽霊とは何か、ということですよ」

彼は、先生が生徒に向けるような笑顔を、私に向けた。

「じゃあ、何なんですか」

「幽霊についてはいろいろな説があります。もっとも古典的なものは、死者が非物質的な形で存続するというものです。わたしも長い間そうではないかと思ってきましたが、最近では別の考えを持つようになってきました」

彼はちょっと言葉を切って、私がなお興味を持っているかどうかというように見た。

「この考えを理解するためには、精神活動が、一種の電波作用であるということを納得する必要があります。そしてそれは、あらゆる存在の根源だということも」

私はうなずいて、それは私にもわかる気がする、と言った。

「よろしい。そうすると、ある時、ある場所で、ある人間が、強く感じたり、何かのイメージを持ったりすると、そこに磁場のようなものが出来るということが理解出来るはずです。その磁場のようなものが、周囲のいろいろな条件によって、そこに残ることがある。そこに誰かが入ってゆくと、その影響を受けて、最初の人間が創り出したのと同じ像を結ぶのです」

私は、この物理の教科書の一節のような説を、彼が今夜話した変化や起伏の多い幽霊の話に、どう結びつけたらよいかと、一瞬迷っていると、

「最初は納得出来にくいかもしれません。しかしテレビを考えてごらんなさい。空中に流れる電波の作用で映像を見ますね。そして、実物を見ているような錯覚を抱くじゃありませんか。人間の感覚と電波との関係を、あれほど象徴的に語っているものはありません。

もちろん、幽霊を見るときの電波と受像作用は、もっと複雑で高度なものです。たとえば、普通の眼には捉えられない赤外線や紫外線が、特別な場合には感知出来るようなものです」

「幽霊はテレビのようなものですか……」

私は呟いて、街の灯で赤らんだ遠くの空に視線をやった。自信満々という様子のガイド氏を前に、とっさに意見らしい意見も浮ばない。現代の電子工学の立派な装置の説明でも聞いたような気がするが、同時に、人間の苦悩や、恐怖や、哀れをいっぱいにした、幽霊たちとは無関係なようにも思える。なるほど、これなら、牧師を呼んでお祈りをしたり、成仏のために供養したりする必要はないわけだ。心霊電波を消す機械さえ発明すればいい。

「さあ、次へ行きますよ。今度は美しい女の幽霊をご紹介しましょう。ただし頭がありませんが……」

そう言って、階段の方へ歩きはじめたガイド氏の、幸せそうな顔を私は眺めた。何年かの研究と懐疑の後に、彼はこの幸福な結論に達したのだろうか。もはや彼の心には、幽霊たちの必死の叫び声や訴えは響かないのだろうか。幽霊たちの、実に千差万別の不可解な行動、たとえば、何千キロの遠くから自分の死を告げに来るとか、あたかも生きているかのように、生者に対して、自分の意志を告げたり、復讐したりする、そういうことをすべて、彼の抱えている鞄の中の書類のように、「幽霊テレビ説」の中に抱え込んでしまっているのだろうか。幽霊は彼の鞄の中で死んでしまったのか。それと同時に、心を悩ませたり、興奮させたり、生き生きとさせたりする、あの神秘なものに対する好奇心も、死んでしまったのではないだろうか。

私たちは、立派な石の階段を下り、幅広いマルを横切って、セント・ジェームズ公園の中に入って行った。いままで風船(バブル)ガムをふくらましながら何とかついてきた長男も、不平を鳴らしはじめた。女の子は、私の腕の中で眠ってしまい、私は痛みはじめた足を引きずりながら、首のない女の電波的映像の出る森の中へと入って行った。

マジッシャン
——イギリスの子供たち

私は、妻と共に二人の子供をイギリスに連れて行った。九歳の男の子と五歳（すぐ六歳になった）の女の子である。当然、この子たちを通じて、イギリスの子供たちの生き方や、親たちの態度にふれることになった。

英国の子供たちは、マジッシャンが大好きである。こじつけるわけではないが、幽霊などに興味を持つことと、マジッシャンが好きだということの間には関係がありそうである。もっとも、子供の興味の持ち方は、ひどく陽気で、人間味にあふれている。

テレビで子供たちにもっとも人気のある番組は、ある評判の高い中年のコメディアンがマジッシャンになって出て来て、いろいろ子供たちの相手をするというものである。また、私は、クリスマスの頃郊外の劇場（ヴィクトリア女王の別荘があったという町の、なかなか格調の高い劇場だった）で見た「ピーターパン」の劇の中で、筋書きとはあまり関係のないマジッシャンが出て来て（季節がらサンタクロースの恰好をしていた）、悪漢にやられそうになったりすると、子供たちが大声で声援したり、危険が迫っているのを教えてやったりして、大騒ぎだったのを思い出す。

「マジッシャン」というのは、本来手品師のことだが、こうやって子供たちの前に現れるマジッシャンたちは、みな道化の衣装をつけている。もちろん手品もやる。そのほか、椅子から落ちてみたり、自分の足を踏んづけたり、いろいろなギャグもやるし、風船をふくらまし、それをひねって動物の形にして、子供たちにやったり、魔法でキャンディを出して与えたりする。要するに、子供たちのエンターテイナーである。

イギリスでは、この「子供たちのエンターテイナー」が独立した職業として存在する。これを知ったのは、一年間の英国滞在がそろそろ終わりかけ、子供たちのお別れパーティをしようかと考えはじめた頃だった。

「マジッシャンを雇うと便利ですよ」

と、友人のある日本人から聞いた。子供の誕生日のパーティに呼んだということだった。

子供のお祝いに、職業エンターテイナーを呼ぶなどとは、優雅な話ではないか。日本で、噺し家とか、漫才師とか、手品師などを呼んでパーティをするのは、どういう階級だろう。もちろん、英国では、もっと手軽な感じで呼べる。とは言っても、普通のサラリーマンとか、労働者階級のことではない。貴族とか、高級官吏とか、会社役員とか、アラブ人とか、日本人などであろう。私の友人は、海外勤務中の大使の家を借りて住んでいた。日本に帰ればベテランとは言え、一介のサラリーマンである。マジッシャン一回（一時間）の費用は、二十五ポンド、約一万二千円だということだった。

「安いものでしたよ。ただ見てさえいれば、子供たちの面倒を見てくれるんですからね。こっちも、子供たちといっしょになって、結構楽しみましたね」

よきパパである友人は笑顔で言った。

マジッシャンはなかなか忙しいらしい。友人のところに来たマジッシャンは、往来に車を停め、その中で道化の服に着換え、バックミラーを使ってピエロの顔にメーキャップして、彼の家に入ってきたと言う。帰るときはそのままの姿で運転して行ったというから、すぐにまた「お座敷」があったのだろう。

子供たちが彼の家の窓に鈴なりになって、マジッシャンが車の中で化粧しているのを眺めている光景が頭に浮かぶ。

私は、しかし、友人の勧告には従わなかった。

英国滞在の記念に、一遍呼んでおけばよかったと、今では後悔している（友人は二度呼んだ）。理由はいくつかあったが、一つには、イギリスの子供たちを、いくらか見くびっていたのだった。或る意味では買いかぶっていたと言える。

最初の頃、イギリスの子供たちについての私の印象は、大人たちは彼等にあまり優しくしないようだ、というものだった。

もちろん、「優しくしない」というのは、日本風な感じ方であって、「子供の世界の自律性を認めようとしない」とか「大人の眼で子供を見ようとする」とか言い換えることも出来る。私の眼には、イギリスの大人と子供との関係は、昔の英国本土と、植民地のように見えた。英国人が大英帝国を築き上げたモトは、案外こういうところにあったのかもしれない、などとも思った。こんなことを言っても、論議の種になるだけだろうから、具体的な例を挙げよう。

私たちが住んだところは、ロンドン郊外の大きな公園（東京の一つの区ぐらいもある?）とテームズ河に挟まれた造成地の中で、英国特有の芝地(グリーン)がひろびろと周囲をとり囲み、私たちのアパート（フラット）の前にも、小さい運動場ほどの芝地があった。狭苦しい東京から行った身には、どれほどすばらしく思えただろう。

子供たちはさっそく飛び出して行って、サッカー・ボールを蹴りはじめた。私と妻とが二階の居間の窓から眺めていると、一人のイギリス人の男の子が出て来て、いっしょにボールを蹴り出した。さっそく友達が出来てよかったと思っていると、十分もたたないうちに子供たちが駆け込んで来た。「おばさんが出てきて、ひどく子供を叱り、家の中に連れて行ってしまった」と言う。「どうしてだろう」と、「おばさん」の言うことがわからないだけに、不安そうな顔をしている。

人種の違いというようなことも頭をかすめたが、もっと何か複雑な事情があるのかもしれないという気がしていると、ちょうどその「おばさん」が外に出てきたのが、窓から見えた。子供たちが、「あの人だ」と言うので、階段を下りて、外へ出て行った。

「おばさん」は、つば広の布の帽子をかぶり、洗い晒したズボンをはき、ゴルフのときに使うような手袋をはめ、要するに、婦人がこれから庭仕事でもしますよ、というような、どこかちょっと洒落気のある恰好で芝刈機の柄を握っていた。

私は、自己紹介をしてから、子供たちが、あなたのお子さんと仲よくなれて、大へん喜んでいたが、急に遊べなくなって、残念がっている、何かうちの子が悪いことでもしましたか、と尋ねた。

婦人は、あれは息子ではなく、孫です、と言ってから、ボールが往来に出たので、危いと思って、遊ぶのを止めさせた、と言った。往来と言っても、何十メートルも先にあり、ときどきバスや車が通るにしても、大声で叱りつけるほどのことではない。

婦人は、私が納得しない様子を見てとってか、さらに、子供には喘息の持病があり、外の空気に長いこと触れるのはよくないのだ、と言った。

私は、彼女の足許にある、百メートルもあろうかと思われるコードのついた、そしてその先が彼女の家のドアの陰に消えている、芝刈機を眺めながら、さっきから気にかかっていることを聞いた。

「この芝地はあなたの所有地ですか」

いや、そうではない、と、彼女は不意を突かれた様子で言った。この芝地は公共のものだが、市の管理が悪いので、自分が手入れをしている、そこに植わっている薔薇も、みんな自分が植えたものだ、と、芝地と歩道の縁に咲く何本もの薔薇を示した。

そうですか、それじゃここで子供たちが遊ぶのは、あまり歓迎すべきことじゃありませんね、と私が言うと、

「そうしないでもらえればありがたいけど」

と、ほっとした様子で言った。

せっかく広々とした緑地が眼の前にあるのに、それが使えないというのは、何とも皮肉で、イギリスの緑に対する私たちのロマンチックな気分に、水をかけたことになったが、それはそれとして、私たちはやがて、この婦人の子供の扱い方にびっくりしたのだった。

彼女は子供を、絶対に外で遊ばせないのである。

この辺の子供たちと遊ぶと、言葉遣いも悪くなるし、よくないことも覚える、というのであった。

このことは、私たちのフラットの下に住む若夫婦から聞いた。R夫人は、離婚して同居している娘の子供のジュリアンを、毎朝車に乗せて、二十マイルも遠くにある私立の小学校に連れて行き、午後には連れ帰るのだった。家のすぐ傍に二つも小学校があるというのにである。私たちなどは、最初来た日に、窓から、家の屋根を一つ越えて、青々とした小学校の広い校庭が見えるのに喜んで、さっそく子供たちを入れてもらおうと、連れていったのだった。

男の子は、学校に行った日に、早くも「rubbish（クズ、くだらない）」という言葉を習って帰って来た。イギリス人の男の子が、女の子が傍を通るときに、言わせようとしたのだと言う。

「ラベッシ」って何だと聞くので、そう言えと言った男の子に言ってやんなさい、と言った。

この話を或るとき、外に出ていたR夫人にすると、当然だという顔で、私に、一度授業を参観に行くといい、へんな教え方をしているようだったら、すぐ別の学校に入れるべきだ、と言った。

しかし、それでは先生に悪くありませんか、と聞くと、自分の子供の方が大事でしょう、と言われた。

R夫人は、自分は女優(アクトレス)だと名乗るだけあって、なかなか立派な英語を使う。しかし、ちょっと芝居がかっていて、感嘆詞を使うときなど、あまり立派に発音するものだから、自分の感嘆をなぞって言っているように聞こえる。マナリズムである。

彼女がアクトレスだということは、一階の若夫婦も知らなくて、それならどうして庭の手入ればかり熱心にやっているのだろう、よっぽど暇か、仕事にあぶれているアクトレスにちがいない、アクトレスと言っても、お茶を持って、ちょっと入って来るぐらいの役なのだろう、などと噂し合った。

実際、私たちはよく彼女の噂話をした。「アクトレス」は私たちの最大、共通の話題だった。毎朝、ロールス・ロイスならぬ、小型のダットサン・チェリーで、子供を上品(ジェンティール)な小学校に送って行く、ちょっと気取った様子や、平凡な挨拶の言葉を、独特のゆっくりしたアクセントで喋るときの、まじめくさった顔付を思い出しながら、私たちは腹を抱えた。

ジュリアン（この呼び名にも彼女のジェンティールな趣味があらわれているが）は結局

うちの子供たちと外で遊ぶようになり、「アクトレス」夫人もあきらめた恰好になった。

或る日、何かの話のついでに、

「わたしはジュリアンを八年間外に出さずにおいたんだけど……」

と彼女が言うのを聞いて、私たちは驚いてしまった。

そんな親が日本にいたら新聞だねになるだろう。下の若夫婦に話したら、彼等も驚いていたから、イギリスでもそうたくさんはないことに違いないが、そういう信念をもって教育する人間がいるというところが、イギリス的だと思った。

八年間は極端だが、だいたいにおいてイギリスの家庭は、子供を閉じこめておくことが多いように思えた。日本人の眼からはそう見える。寒い日が多いという気候の条件もあるにちがいないが、家のまわりで声を挙げて元気よく遊んでいる子供たちを見ることは少ない。遊んでいても、黙って自転車を乗り廻しているとか、何もすることがなく、ただ集まっているという感じで、すぐに散っていってしまう。集団で遊ぶのが下手なのかもしれない。

あるとき近所で、何かの祝日の催しに、バンド演奏があり、バーベキューをするという通知をもらったことがあった。私たちはさっそく、家族四人分と、知人の日本人（マジッシャンを雇った）の子供たち二人分のチケットを申し込んだ。

その日、会場であるパブの裏庭へ定刻に行ってみると、まだ誰も来ていなかった。そのうち家族連れで大賑わいになるだろうと思って待っていたが、来たのはみな夫婦や、若い男女ばかりで、小さい子供はまったくと言っていいくらい姿を見せなかった。パブは子供禁制だが、パブの裏庭を使っていて、主催者はパブではなく、この地域（コミュニティ）の組織である。バーベキューのハンバーガーを子供たちがもらいに行っても、愛想よく渡してくれて、何も言わなかったから、子供を除外するつもりはなかったのだろう。ただ、子供の催し物、大人の催し物と、習慣的に区別されていて、無意識にそれを守っているのではないかという気がした。この区別をするということが、私などにはイギリス的に思えるのだ。

そのとき、子供たちが走り廻っているのを、飲みものを片手に眺めて立っていると、型の古い背広をきちんと着た初老の男が寄ってきて、

「どうです。子供の面倒を見るのはたいへんですな」

と話しかけてきた。

子供は連れてくるべきではなかったかもしれない、と思いはじめていたところなので、イギリス流の当てこすりを言われたのかと、一瞬思ったが、ただ話のきっかけを作りたかっただけらしい。地方の牧師で、息子夫婦を訪ねて来たところだということだったが、き

つかけとは言え、やはり眼についたにはちがいない。

おもしろかったのは、イギリス人の兄弟らしい子供がいて、われわれ日本人の子供たちが遊んでいるのを、うらやましそうに眺めていたことだ。はじめ会場の隅に立ったまま、彼等二人だけでは、どうしてよいかわからないといった様子でいた。

日本人の子供四人は、木のまわりを廻りながら、隠れん坊と鬼ごっこを一緒にしたようなことをやっていた。イギリス人の男の子たち二人は、だんだん近寄ってきたものの、自分の方から声をかけかねている様子がありありと見えた。

そのうち、友人の長女で、英国生活二年目になる女の子が、「入ってもいいよ」と言ったらしく、兄弟二人は嬉しそうにグループに入って来て、一緒に木のまわりを廻りはじめた。

その子供たち二人が、どうして大人たちだけのパーティにもぐり込んできたのかはわからないが、場違いなところに来た様子で、おずおずあたりをうかがっているように見えたのにくらべて、日本人の子供たちが、ものおじせずに元気に駆け廻っていたのが印象的だった。

実際イギリスでは、外に出て、友達を見つけて遊ぶということは、むずかしいようであった。私の子供たちは、だから、学校が休みになるのをいやがった。夏休みなどの長い休みになると、ボランティアによって組織された遊ぶ時間があったり、水泳とか花火大会とか、その季節特有の娯しみがあるが、日曜とか祭日とかの短い休止期間を彼等はもてあました。

これにはもちろんほかの理由もあった。外国から来てイギリスの習慣になじまないということも当然考えられるが、それよりも私たちが感心したのは、学校が子供たちにとって楽しいということだった。

それには先ず、先生の教え方を挙げなければならないだろう。先生は教壇の上から一つのことを皆に教えるのではなく、生徒一人ひとりを廻って歩いて、それぞれ能力と興味に応じた学習の仕方を指示するのである。どの生徒も、自分に出来る問題を与えられる。私の長男は、国語（英語）の時間に、最初は自分の好きなものを読んでいてよろしいと言われて、日本の漫画本を持っていって読んでいた。先生はそれを皆に見せ、長男に説明させた。うまく説明出来るはずはないが、それが教育の第一歩であった。

それから、日本語の漫画本のかわりに、イギリスの漫画本を先生が持ってきて、長男に与えた。「海賊〇〇」とか、「古城の妖怪」とか、イギリスらしいものだった。

算数の方では、長男はガゼン才能を発揮した。海外に行く日本人の子弟は算数に強いということはよく聞くが、まさにその通りで、照れくさいほどだった。或る日偶然先生に出会ったら、お宅のお子さんは日本では優秀な生徒だったんでしょう、と言われて、挨拶に困った。息子は日本では、下から数えた方が早い方だったのである。

そういうわけで、学校に関する限り、息子にとってイギリスは天国であった。

娘の方は一年生になったばかりだったので（イギリスでは五歳でも入れてくれた）、絵を描いたり、歌を歌ったり、遊戯をしたり、英語が出来る出来ないにはあまり関係のないことをして過ごしていた。娘はイギリスの歌を、聞いた通りのわけのわからぬ英語で、たくさん覚えた。

「バーバー、ブラックシープ

ハニハニオー」

と歌っているので、「ハニハニオー」とは何だろうと思ったら、

「Have you any wool?」のことだったり、というようなことがよくあった。

受持ちの女の先生によると、娘はお喋りで、授業中隣の席の女の子とお喋りばかりしているということだったが、何を喋っていたのか見当がつかない。「ハニハニオー」という調子でやっていたのだろう。

友達関係もまた良かった。

息子も娘も、学校ではちょっとした人気者だった。

娘が最初教室でほかの子供たちに紹介されたとき、一人の男の子が席を立って、娘の前まで出て来て、つくづく感心した眼で眺め、

「ほう」

と言ってから、抱きついてきた。

この話は、娘の隣の席の女の子の母親が、ある日、私たちの家に来て披露したもので、自分の娘から聞いたということだった。

この男の子、クリストファー君は、何かというとうちの娘の傍に来て、触ったり、抱きついたり、キャンディや絵の付いたカードをくれたりするのだが、娘は厭がって逃げ廻ることが多かった。子供のことだから、ときどきは何かもらったりしていたが、その後で、娘がいっしょに遊ばなかったりすると、怒って娘をなぐったりした。

担任の女の先生がいつも引き離し役で、ある日会ったときに、

「ご苦労さまです」

と言うと、

「可哀そうに、クリストファーもあの年でもう知らなきゃならないんですからね」

と言って笑った。

日本人にはちょっと言えない、味わいの深い言い方だと思った。

わが家の二階の食堂の窓から見下していると、道を隔てたアパートの屋根のむこうに拡がる小学校の校庭に、子供たちがいっぱい飛び出してくる。男の子たちは、ほかの男の子に体をぶっつけ、逃げ出してゆく。それを追いかけて、駆けっこが始まる。うちの長男も、ぶつけられたり、ぶつかったりしながら、結構飛び廻っている。

女の子はどこにいるだろうと見廻すと、いるいる。大きい子たちの中に、見失いそうに小さいのが、皆といっしょに運動場の広い方へ、皆から遅れながら走っていく。すると、後ろの方から体の大きい、上級生としか思えない女の子が追いつき、娘の手を取って、走り出す。娘は、その子の手にぶら下るようにして、走ってゆく。すると、また別の体の大きい子が追いついて、娘のもう一方の手を取り、二人で娘を引っぱりながら走ってゆく。

ある日、学校から帰ってきた娘は、ソファの上に寝そべって、しばらくぐったりしていた。どうしたのだ、と聞くと、みんなが入れ替わり立ち替わり来て、引っぱり廻すので、疲れるのだ、と言う。

私もしばらく考えたが、休み時間には先生の傍にいて、なるべく離れないようにしたらどうだ、と言うと、

「うん、そうする」

と言った。

次の日、二階から見ていると、娘は、子供たちのまん中に聳えるように立っている校長先生の手をしっかり握っている。校長とはうまいことを考えたものだと、私はおかしくなった。この校長は怒鳴るので有名なのだ。だが、娘は、たまたま校長がいたので、ぶら下っていただけなのかもしれない。日によっては、長男の男の先生だったこともあった。

子供たちは幸運だったのである。

イギリスでは、日本人だからと言って、ちやほやされるとは限らない。東洋人の多い学校では、意地悪されることもあると聞いた。そういうところでは、東洋人同士がかたまって、ほかの子供たちに対抗するそうだ。私が聞いたある日本人家庭の中学生は、給食のスープの中に虫を入れられたりするので、イギリスにはいたくない、アメリカに行きたい、と言ったそうである。この子は、短い期間だったが、アメリカの学校にいたことがあったのだった。

私たちが、子供たちを家のすぐ傍の学校に入れたとき、近所の日本人の主婦が、「どうしてあんな学校に入れたの。もっと早く言ってくれれば、教育熱心なよいところを教えてあげたのに」と言ったが、私たちは、この、日本人は初めてという学校に、大満足だったのである。

こんなに友達に人気があるのに、週末や祭日に遊ぶ相手がいないというのは、おかしいと思われるだろうが、そこがイギリスなのである。

イギリスの子供たちは、お互いに予約をして、友達の家に遊びに行く。だから、ふいとその辺に出かけて、友達を見つけるわけにはゆかないのである。

子供のくせに、「ティー」に来てくれ、とか、「ハイ・ティー」とか、「ディナー」とか言う。

そうでなければ行き来しないというわけではなさそうだが、とにかく、そういうことが多かった。

子供によっては、招待のカードをよこす。それに、行くとか、行かないとか、返事を書いて渡してやる。

返事を書くことを忘れたために、親が子供連れで、出席の意志を確かめに来たことがあった。学校に行き始めて数日後に、娘が招待状をもらって来たときのことである。娘の隣の席の女の子の誕生祝のパーティだった。

「あら、バースデイ・パーティだわ」

妻は嬉しそうに眺めながら(娘はちっとも嬉しそうでなかった)言った。

「行くって言うのよ」

英語で言い方を教えてやった。

そうしたら、二、三日して母子が訪ねて来たのである。

「返事がないけど、この子がどうしても招待したいから、わたしもいっしょに来て頼んでくれって言うのよ」

と母親が、自分の後ろに隠れて、首だけ出してこっちを眺めている、可愛らしい女の子を見下して言った。

この子はヴァネッサと言って、何かと言うとうちの娘を家に呼んだ。娘が授業中ぺちゃくちゃと喋っている相手は、この子であった。

もちろん、お返しもしなければならない。それもイギリス式なのだ。ヴァネッサを呼ぶと、姉の六年生のトレーシイもいっしょについて来た。これもイギリス式というわけではないが、どうやって遊ばせていいかわからない、と、最初呼んだときに母親に話したら、それじゃ、トレーシイをいっしょにつけてあげよう、彼女はすばらしく面倒見がいいから、と言って、送ってよこしたのである。

トレーシイは、いちばん下の男の子のマークの手を引いてきた。いつもこの子の面倒を彼女が見ることになっているのである。

彼等のいちばん後を、犬のグレゴリーがついて来た。この犬は昔から子供たちの見張番なのである。信号のない道を渡るときには、この犬が自動車の有無をたしかめてから、子供たちを連れて渡るのである。自動車が近づいていようものなら、どんなに引っぱっても渡らないし、渡ろうとする子供に吠え立てる。目的の家に着くと、子供たちが出て来るまで、ドアの横にうずくまって、何時間でも待つ。イギリスの犬にはえらいのがいる。大英帝国の伝統は犬に残っているのではないかと思った。

「えらい」と言えば、私たちはトレーシイにも感心した。母親が保証したように、彼女はまったく小さい子供たちの面倒見がいい。トレーシイを見ると、私は、赤十字を創設したナイチンゲール女史を思った。ナイチンゲール女史が子供の頃、幼い児たちの面倒見がよかったと想像するのは、私の勝手かもしれないが、社会奉仕の精神は、やはりこういうところから始まるのだろうと、トレーシイに見とれるのであった。まだ小学生なのだから、自分の好きなことをして遊びたいだろうと思うのだが、彼女は、小さい子供たちを遊ばせることによって、自分の遊びの世界を作っている。家事の手伝いもよくする。どうしてこういう子供が出来るのだろうと、私はときどき、彼女の母親や兄弟姉妹のことを考えて、不思議に思った。神は、暴君や海賊を英国民に与えたことのバランスを考えて、このような子供をときどきこの島に送るのだろうか。ところで、「君は将来、ナイチンゲールのような立派な看護婦になれるだろう」と、ある日彼女に言ったら、「わたしはスチュワーデスになりたい」と答えた。子供はわからぬものだ、と思った。

娘にヴァネッサがいたように、息子にはジョニーという友達がいた。息子をまっ先に家に招待したところも似ている。友達になるためには、先ず招待するということなのだろう。

ジョニーの場合は、誕生日ではなくて、「ティー」だった。息子は嬉しそうに、しかし多少緊張した面持で出かけて行った。「ティー」だから夕食までには帰って来るだろうと思っていたが、なかなか帰って来ない。やがて、電話がかかってきた。息子の声で、

「ジョニーが帰そうとしないので困るんだ」

と言う。

すると、ジョニーの声にかわった。

「お母さんに聞いたら、ディナーもいっしょにしていいって言うんだけど、いくらゲンタに言っても、わからないらしい。おじさんから言ってくれませんか」

と言う。

「いいとも」

と、息子をまた出させて、

「おまえ、夕食も食べてゆけって言ってるんだよ」

と言うと、

「わかってるよ。だけどイヤなんだ」

ゆううつそうな声で言う。

「どうしてだ」

「どうしてもイヤなんだ」

外国人の家に呼ばれて、食事をしながらいろいろ質問され、喋らされるのは、おそろしくイヤなものだという経験は、私にもある。小学生の息子がもうそんなことを感じているのは、なにかおかしいような、可哀そうなような気もしたが、

「だれでも初めはそうなんだ。国際親善なんだから我慢しろ」と言って、電話を切った。

息子はそれから、「ティー」だの「ディナー」だのの招待があると、いやがった。

ジョニーはときどきうちにやって来て、

「ゲンタはどこにいるか」

と聞いた。

遊ぼうと誘っても、逃げ出すらしい。

「どうしてジョニーと遊ばないんだ」

と息子に聞くと、

「あいつ、らんぼうなんだ」

遊んでいると、体をぶつけてきたり、持っている物を奪って逃げたりする、と言う。これも私は経験があるが、親しさを示すためのジェスチュアなのだ。ジョニーのは少々オーバーなのだろう。

私たちが帰国することを、いち早く知って、学校中に宣伝したのはジョニーだった。彼が熱心に家に来た結果である。

新しい年になったある日、ドアのベルが鳴るので、出てみると、ジョニーが立っていた。

「何だい」

と聞くと、

「ゲンタをぼくの誕生日に誘いたいんだけど」

「それはありがとう。きっと行くと思うよ。いつなんだい」

ジョニーはちょっと眼を地面に落してから、顔を上げて言った。

「四月〇日」

「ずいぶん先なんだな」

私は笑い出した。

ジョニーはちょっと照れた顔をした。

「その頃はぼくたち、いないかもしれないよ」

「どこへ行くの」

「日本に帰るんだ」

ほんとう？　ジョニーはそういう表情で私を見たが、口に出しては言わなかった。

「ふうん」

彼は、それじゃもう言うことはなくなった、という様子で、

「グッドバイ」

すっ飛ぶように帰って行った。

なんだって四月の誕生日の招待を、やっと年が明けたばかりなのに言いに来たのだろう、と私は考えた。誕生日に誰を招待しようかと考えていたら、うちの子のことが頭に浮かび、母親に許可をもらうことが出来たので、そのことを一刻も早く伝えたくなって来たのだろうか。それとも、うちの子に好意を持っていることを知らせるために、そして遊ぶ口実を作るために、誕生日の招待を思いついたのだろうか。

いずれにせよ、それからちょっと慌しいことになった。子供たちが友達から帰国のことを聞かれ、ディナーやティーに招待を受けたり、中には早ばやとお別れのプレゼントをくれたりした者もいた。ジョニーが、我々がすぐに帰るようなことを言って廻ったのである。

ヴァネッサの母親は、驚いてヴァネッサを連れて、聞きに来た。休日に寄ったら、ドアが閉まっていたので、もう帰ったのかと心配したと言った。

私たちは、これはどうしてもお別れのパーティを開かなければならない、と思った。仲よくしてくれた子供たちばかりではない、言葉のわからない子供たちに、学校は楽しいとまで思わせてくれた先生たちも、是非招待したいと思った。

その中には校長先生も入っていた。彼は、私たちがはじめて子供たちを連れて会いに行ったときに、「英語はぜんぜん出来ないのか」と言って、「ああ」という顔で両手をひろげてみせた人だ。そのとき、我々に椅子をすすめてくれたら、子供たちが走っていって坐ろうとした。それを見て彼は、「チョッ、チョッ」と手で制止して、我々夫婦を坐らせた。その後、学校で出会ったら、「ぼくが話しかけようとすると、あの子たちはいつも逃げ出していってしまう」とおどけてみせた。彼は、日本の校長先生とちがって、ほかの先生の手伝いをして子供たちの作品を並べたり、スポーツ用具を出したり、運動会の指揮をとったり、ピストルを鳴らしたり、跡片付をしたり、学校中でいちばん働いていた。小使さん、と言った方がいいくらいだった。

彼からも、封筒に入った承諾の返事が来た。先生たち四名と、学校全部の事務を一人で引き受けているO夫人と、子供たちを入れると、全部で二十人ほどになった。

そこで問題が起きた。

料理は、ヴァネッサの母親がトレーシイといっしょに来て手伝ってくれるから、何とかなるが、子供たちをどうやって遊ばせるかである。

そんなことは私は考えてもみなかった。子供は自然に遊ぶものだと思っていたのである。ところが、イギリスではそうではないのだと、妻が言った。彼女は、よその家のパーティに子供を連れて行った経験から、そういうときには父親がゲームをしたりして遊ばせてやるのだといった。「父親」と言ったのは、彼女の個人的な見解かもしれないが、とにかく、誰かが、小さい子供たちには絵を描かせたり、大きい子たちにはゲームをやらせたりして、見てやる必要があるのだと言う。そう言えば、夏休みになると、ボランティアの青年たちが、学校の運動場や体育館を借りて、子供たちを集め、一週間とか二週間とか、遊戯や工作などを指導する。私はそれを、美しいイギリスの社会奉仕の精神から生まれたものだと思っていたが、集団で遊ぶことの下手なイギリスの子供たちには、必要な活動だということまでは考えなかった。予約制の小人数で遊ぶ彼等は、多数の中に入ると途方に暮れるのだろうか。

そうなると、父親である私が何とかしなければならないことになるが、ゲームなど何も知らない私は、勝手のわからぬイギリス人の子供の中で立ち往生している自分を想像して、おじけをふるった。

そこで、「マジッシャン」の話が出てきたのである。

これは結局実現しなかったことは、前にお話した通りである。いろいろの理由があった。「マジッシャン」を呼ぶほど立派なところに住んでいるわけでもないし、近所の評判になったら照れ臭いし、たかが子供の遊びに、という気持もあったし、そんなにまでしなくても、何とかなるのではないか、という気もした。

いろいろ頭をしぼった末、ヴァネッサの母親の知恵で、ディスコをやることにし、彼女から幾つかテープを借りた。小学生がディスコをやるということは知らなかったが、学校でクリスマス・パーティをやったときに、したということだった。ただし、息子の話では、女の子たちが乱暴で、最後は喧嘩になったということだった。今度は女の子は、トレーシイと、一年生の娘の友達ばかりだから、喧嘩になるようなことはないだろう、と私は言ったが、それでは男の子たちのダンスの相手もないわけだ。「どうするんだ」と妻に聞くと、妻はヴァネッサの母親に話したところ、子供はそんなことは気にしない、男の子たち同士で踊るよ、と言われた、と言った。

私たちは、そのほか、アミダ籤(くじ)を作って、少しでもパーティを盛り上げることにした。景品は、日本から何かの足しになるだろうと思って持ってきた、お使いものの風呂敷とか手拭とかウチワとか、それから日頃使って、持って帰るのはめんどうな、茶碗とか箸とか椀のようなものだった。

「マジッシャン」を雇わなかったのを後悔したのは、パーティが始まって、三十分もたたないうちだった。

それは「パーティ」というより、「運動会」のようなものだった。

子供たちはリビングルームにあるソファや椅子のクッションをはがして、三階の階段の上から、一つのクッションの上に二、三人かたまって乗り、ソリのように滑り落ちるという遊びを考え出して、実行した。滑り落ちると言っても、ほんとうに滑りはしない。階段のどこかに引っかかって、転がり落ちる。前にいる「ソリ」の上に落ちかかる。みんなぶつかり合いながら、二階のリビングルームに転がり落ちてくるのである。その物音と喚声とで、「ディスコ」のために鳴らしているテープの音楽などは聞こえはしない。もちろん、踊ろうなどという人間は一人もいない。音楽に気付いている者さえいなかったろう。

階段を上って行ってみると、ベッドルームもひどい状態だった。ベッドの上に先生たちのコートやハンドバッグを置いてあったのを、踏み散らして、子供たちが飛んだり、跳ねたりしながら、枕を投げ合っていた。私が入っていっても、止める気配はない。

なるほど、こういうふうになるものかと、私ははじめて思い当たった。「マジッシャン」が要るわけである。エンターテイナーとしてではなく、グループ・リーダーとして要るのだ。

私はなにも、イギリスの子供たちが、みんなナイチンゲール（男は誰だろう。ちょっと思い浮かばない）だと思ったわけではないが、やはり、彼等の、無秩序な自然そのもののエネルギーを見損なっていたのだ。彼等に対するさまざまな社会的制約の真の意味を、理解していなかったと言える。

そういう意味で、子供たちと先生たちとを一緒に招待したことも、イギリス的ではなかったかもしれない。

だが先生たちは、実に見事に振る舞った。眼の前の床に、子供たちが階段から転がり落ちてくるのを、椅子に坐って眺めながら、思い思いの飲み物を飲み、静かに話し合った。どうして話が通じ合ったかは、不思議としか言いようがない。あまりに激しい物音に、ときどき女の先生がちょっと眉をひそめるぐらいで、誰一人として、子供に注意したり、子供たちの騒ぎに気付いた様子さえ見せなかった。学校では子供を一喝するので有名な校長先生も、ただにこにこしているだけだった。この家の主人を差し置いて、一喝するわけにはゆかないと思ったのだろうか。

この家の主人は、しかし、一喝どころか、一言も言わずに子供たちを眺めていた。やっぱり子供とはこういうものだという気持ち、今日は子供のパーティなのだから、好きなだけ騒ぐがいいという気持ち、などのまじった妙に落ち着いた気分でいた。

大人も子供も、みんな風呂敷や茶碗や箸や竹トンボなどをもらって、満足した顔で引きあげていった。その様子から見ると、決してパーティが支離滅裂だったとは思えなかった。どうして支離滅裂のわけがあろう。大人たちはちらしずしを賞味し（イギリス人には意外に人気が高かった）、イギリスでもそうしょっちゅうは味わえない高級ウィスキーやブランディを飲み、アミダ籤の神秘を味わったのだ（誰もがその原理を知りたがった）。ただすべては喧騒で始まり、喧騒で終わり、階段から転がり落ちてくる子供たちを眺めながら、酒を飲むだけで、これが「お別れパーティ」なのだろうかと考えると、「そうだ」と言う自信はなくなる。しかし、とにかくやることはやったのだ。あとは日本に帰るだけではないか。誰かが追いかけてきて、クジ引きでもらった茶碗や風呂敷に文句をつけることはないだろうし、英国での評判を気に病んで、寝られなくなることもないだろう。さよなら、英国よ、英国人よ。すべては思い出の中で純化されて、生き続けるか、忘れ去られるだろう。

ところがその翌日、私は意外なことを聞いた。夕方、外から帰ってくると、待ちかねたように妻が言ったのだ。

「今日、トレーシイが訪ねてきたわよ」

「ほう」

私は聞き流しかけて、いつもとちがう妻の言い方が気になった。

「一人でかい」

「そうなの。ドアを開けたら一人で立っているの」

「何か忘れものでもしたのか」

「わたしもそうじゃないかと思って、『どうしたの』と聞いたのよ。そうしたら泣き出したのよ」

「泣き出した？」

「そうなの。『もう一度お別れを言いに来た』んですって。そしたら涙が止まらなくなっちゃって……」

「そうか」

「感動したわ。私も涙が出てきて、しばらく抱き合っていたわ。最後にキッスをして、駆けて行ったわ。子供たちにもみんなして……」

「子供たちもいたのか」

「うちの子供たちったらしょうがないのよ。階段を上ったり、下りたり、覗いてばかりいて、なかなか出て来ないのよ」

私は笑いかけたが、笑い声にはならなかった。

「トレーシイがね」

意外だった。いつもひっそりと子供たちの陰にかくれているトレーシイ。昨日も、騒ぎ廻る子供たちから離れて、キッチンで手伝いをしたり、食堂の隅で、幼い子供たちに絵を描いてやったりしていた。私はちらとその姿を見たにすぎない。彼女のことはほとんど念頭になかった。いつも、念頭にあったことなど、ほとんどなかった。悪く言えば「ベビー・シッター」ぐらいにしか思っていなかった。子供はもっと元気があった方がよい、ぐらいに考えていた。その子が……。私は昨日のパーティの思い出だけを抱いて、日本に帰らなくてよかったと思った。

帰国後、忙しさにとりまぎれて、忘れかけていた私たちに、彼等を思い出させてくれたのは、トレーシイたちから来た手紙だった。家族全員がそれぞれ思い思いのレター・ペーパーに書いてよこした。

最初のうち手紙は毎月のように来た。妻は、英語を喋らずに暮らす自由さを満喫している子供たちを叱りつけながら、返事を書かせ、足りない部分は代筆するなどして、頑張りながらも、悲鳴をあげていた。

クリスマスが近くなると、家族の声を集めたテープを送るという予告があった。手紙だけでは足りないのだろうか、などと冗談を言いながら待っていると、やがて来た小包の中には、子供たちがめいめい工夫をこらしたプレゼントはあったが、テープはなかった。トレーシイからの手紙があり、それにはこう書いてあった。

……暖炉のそばのテーブルで、ヴァネッサと二人で手紙を書いていたら、玄関のドアが、ガタッ、と鳴りました。すると、ヴァネッサが、「いま、トネや、トネのお母さんたちが入って来たら、どう思う」と、私に聞きました。「もちろん、跳び上って喜ぶわ」と、私は答えました。私たちは、それからしばらく、ほんとうに足音でもしないかしらと、耳をすませていましたが、聞こえるのは風の音ばかりでした。

あなたたちは、ファーザー・クリスマス（サンタ・クロース）のようにやって来て、ファーザー・クリスマスのように去っていったように、私たちには思えます……

テープの録音はとうとう出来ませんでした。だって、録音しようとするたびに、ヴァネッサの声がどうしても出なくなるのですもの。

私たちは、テープをクリスマスの余興の一つだぐらいに考えていた自分たちの軽率さを恥ずかしいと思った。そしてまた、「ファーザー・クリスマス」というトレーシイの言葉から、クリスマスの頃、あのヴィクトリア女王の別荘があった町の舞台で見た、子供たちが待ちかねて手をたたき、出てくると声援をおしまず、去っていっても、呼びもどそうと声をあげた、ファーザー・クリスマス――ピエロ姿の「マジッシャン」を思い浮べた。

私たちはマジッシャンだったのだろうか。

私たちには絶望的に思えたお別れパーティも、トレーシイたちの眼には、マジッシャンの杖の先からとび出した、すてきな贈り物に見えたのだろうか。子供たちがクッションのソリに乗って階段を滑り下りたのは、あれは何かの魔法の儀式だったのかもしれない。

あれはすばらしいパーティだった。トレーシイ。

でも、最後にあんなすばらしい贈り物をくれたきみこそマジッシャンと呼ぶのにふさわしい。

いや、きみだけではない。ジョニーも、ヴァネッサも、クリストファーも、校長先生も、みんなそうだ。

ぼくたちみんなの中に、マジッシャンが住んでいる。そして、トレーシイ。きみのようにきれいな眼を持てば、それが見えるのだ。

ところで、もう一人マジッシャンがいたのを忘れるところだった。「アクトレス」夫人である。彼女の話をちょっとして終わることにしよう。

私たちは彼女が自称「アクトレス」ではないかと笑ったが、その後実際に、彼女には、テレビの仕事や海外ロケなどの話が舞い込むようになった。「お別れパーティ」に彼女も招待したのだが、コルシカ島にロケに行くことになって、出席出来ないと言ってきた。出発する前の晩に、彼女は手紙を書いて、夜遅く我々の家のドアの手紙入れの穴（スリット）に投げ込んで行った。

手紙は、パーティに出席出来ない詫びから始まり、次に、最近起こっている清掃員のストのために、ゴミが家の前にたまったり、町中にあふれたりしていることに触れ、少し前までは英国はこんなではなかったと書き、このことについて、あなたがたに、英国政府に代わってお詫びする、とあった。

「英国政府に代わってお詫びする」という言葉は、私を驚かせたが、(四十年前ならいざ知らず、いまの日本人の誰が、日本政府に代わって、外国人にお詫びしようとするだろう)大英帝国が依然として初老の「アクトレス」の中に生きのびているのに感銘を受けた。

その次に、少々不思議な言葉を、私は発見した。

彼女は、翌朝早く、ヨーロッパ・ロケのために出発するが、こうして仕事運にめぐまれるようになったのは、あなたがたに会ってからで、その幸運のおかげで、日本にもロケに行くようになるといいと思う、と書いてあった。

冗談もあるだろうし、年寄りの迷信深さということもあるだろう。けれども、ただそれだけではあるまい。やはり、彼女の中のマジッシャンが、そう言わせたのだろう。

ただし、彼女の「マジッシャン」は少々意地が悪かった。というのは、一週間ほどたって、私は、留守番をしていた彼女の娘から、「アクトレス」夫人がコルシカ島で、後ろから来た若い男に突き飛ばされ、ハンドバッグを奪われたということを聞いたからだ。彼女は倒れて頭を打ち、有り金をすべて奪われ、娘のところに、すぐ金を送るように、病院から電話をかけてきたということだった。

終わりに——心霊主義と文学について

一八四八年三月末に、アメリカ、ニューヨーク州の小村ハイズヴィル（Hydesville）で起こったポルターガイスト（騒霊）現象が、現代スピリチュアリズムと心霊研究のはじまりであるということになっている。リンカーンが大統領になる十二年前で、奴隷問題がようやくやかましくなり始めた頃であり、また、ゴールド・ラッシュが始まり、「若者よ、西へ行け」という掛声が、時代のモットーとなり（一八五一）、文化的には、いわゆる「アメリカ・ルネッサンス」と言われる、エマーソン、ソロー、ホイットマン、メルヴィル、ポーなどの活躍が、頂点に達しようという時代であった。日本との関係から言えば、数年後にペリーが東海岸を出航し、日本に来ている（一八五三）。

「ハイズヴィル事件」というのをちょっと説明すると、フォックスという、夫婦に娘三人の家族の住んでいた家に、はじめ不思議な物音などが聞こえていたのが、三月三十一日の晩にいっそうひどくなった。たまたま末娘のケイトが、自分が鳴らした音に応じて、音がするかどうかためしたところ、正確に反応した。今度は母親が、わたしの言うことが正しければ二つ、間違っていたら一つ鳴らしなさい、と言ってためしたら、その通りに鳴った。そこで翌日近所の人たちを呼び、その中の一人の発案で、アルファベットの表を指し示しながら質問したところ、その家で過去に殺人が行われ、死体は地下に埋められているという事実が、殺された人間の名前や年齢、家族関係までも含めてわかった。その後、多少の手違いはあったが、発掘が行われ、その事実は確認されたというものである。

家の中で物音がしたりする「ポルターガイスト(騒霊)現象」は、そう珍しいことではなく、記録もかなり残っており、今でも英国などでは、二、三年に一つぐらいの割合で、目立つほどのが起こっているようである。「ポルターガイスト」というドイツ語は、マルチン・ルターの命名だと言われ、当時(十六世紀前半)彼の周辺には頻繁にこの現象が起こったらしい。

しかし、ハイズヴィル事件が特殊なのは、それを人間が、普通の方法では発見し得ない事実を探し出すために利用した、という点である。それをスピリチュアリストは「霊界との交信」と呼ぶ。ポルターガイスト現象を、死者の霊が何らかの必要上、意志表示をしようとするものだと受けとめる。ハイズヴィル事件では、結果から見て、そう言ってもいいように見える。

しかし、いつもがいつも死者との交信が成立するとは限らない。むしろ、ハイズヴィルでのように、あれほどあざやかにゆくことは、極めて稀なのである。そうでなければ、ハイズヴィル以後、あちこちでポルターガイストによる霊界交信が記録され、世間をあっと言わせてきたはずである。いったん霊界との交信の方法がわかった以上、そうなってもよさそうなものではないか。

そうならないのは、ポルターガイスト現象が、一つには意外に複雑な要素をはらんでいるからである。現象が起こるのは、場所の問題だけではなく、そこに住む家族の状況による。ハイズヴィルのフォックス家には、思春期の処女が二人いた。そして二人とも、後年有能な霊能者となった。現象は、必ずしも思春期の処女と共に起こるとは限らず、既婚の女であったり、独身の青年である場合もあるが、霊能があるということだけは共通のようである。

なぜ思春期に多いかということは問題だろうが、簡単に言うと、成長期のエネルギーと関係があるようだ。単に強力で突発的な力を持っているというだけではなく、思春期の精神に内在するさまざまな矛盾や葛藤や不安が、大きな原因になる。このアンバランスな不安定さこそが、ポルターガイスト現象発生の特徴だと言ってよい。

(心霊現象を起こす霊能者には、大なり小なりこの不安定さがつきもののようである。大霊能者と言われた人物たちに、矛盾撞着した言動が多いのは、このためであろう。理性的、批判的で、計算に強い人間のところに、幽霊などは近寄らないようだ)。

このようにポルターガイスト現象が、家族の年齢と精神状態に大いに依存するということが、この現象そのものの真実性を疑わせることになり、フォックス家の姉妹たちは、膝の関節を鳴らして、音を作り出したのではないかと疑われたりして、いろいろと試された。それにもかかわらず、いや、そういう騒ぎのおかげで、と言った方がいいかもしれないが、「ロチェスターの怪音」（ハイズヴィルはロチェスターのすぐ傍にある）は、ボストン、ニューヨーク、ワシントンを中心とする当時のアメリカ全土に知られるに至り、それに伴ってひろまった「新スピリチュアリズム」の思想と共に、時代の新思潮に刺激されて活躍し始めた有能な霊能者たちによって、海を渡って英国へ、そして大陸諸国へと、短期間のうちに広く紹介されるに至った。

英国での反応は、米国にまさるとも劣らぬものだったが、ちょっと違っていた。単に異常な興味ある事実を喜んで眺めたり、真偽やその意義について討議したり、信仰の対象としたりするに止まらず、その事実を科学的に検証し、学問として体系化しようというものであった。この努力は今日まだ十分実っていないが、いかにも英国的なものである。世はまさに産業革命の開花期。英国の科学技術は世界の最先端をゆき、帝国主義による植民地の拡大と共に、英国の工業製品は世界の市場を圧し、国内では、労働問題やアイルランド自治問題などを抱えてはいたが、英国の歴史始まって以来の繁栄を楽しんでいる時代であった。

産業革命で発揮された英国人の現実性、実証的精神、科学的方法に対する信頼、などが、心霊研究という奇妙なものを生む精神風土であった。英国人以外のどの国民が、このような、幻想の領域にメスと試験管と秤（はかり）を持って入るようなことをするだろうか。この地球上に英国領を拡げたように、精神の領域においても、彼等は鉄と石炭によって人間くさい領土を拡げようとしたのだ、と言えなくもない。古来から宗教、哲学のみが取扱ってきた精神の根本問題の、まことに英国的な対応だと言えよう。

少なくとも、心霊研究の創成期においては、単に怪奇現象の科学的究明といったものではなかった。それは古来からの人間の大問題——人はどこから来て、どこへ行くか——に対する英国人風な挑戦であった。それが現在に至る百年間に、果して所期の成果が上ったかどうか、またどのような変貌をとげなければならなかったか、ということは別として、いや、それ故にこそ、記憶しておかねばならぬことだろう。

「心霊研究協会」The Society for Psychical Research は、このような精神の下に出来たのだった。この会の目的は、一切の既成観念を持たずに——ということは、霊界があったり、死者が通信したりすることがあるなどとも考えずに——超自然現象を研究しようとするものである。これに対して、霊界の存在を信じ、死者との交信を信ずるスピリチュアリストたちのグループも、ロンドンやマンチェスターに大きな組織をもち、各地に出来た「スピリチュアリスト教会」と密接な連絡を保って、存在してきた。

ハイズヴィル事件が惹き起こした衝撃は、このような二つの流れとなって、英国からフランスやオランダ、ドイツ、イタリア、南米諸国などへひろまって行った。そして英国で始まった科学的な心霊研究は、海を渡ってアメリカへも逆輸出されたのである。

スピリチュアリズムとそこから派生した心霊研究とを、広い視野の中で正しく捉えるためには、その後の変貌や、周囲に存在した他の精神主義的、神秘主義的諸団体――たとえば、エジプト神秘学やカバラなどの流れを汲むものとか、インド神秘学の影響を受けた神智学や人智学のグループなどについても考えなければなるまい。しかし、そういうふうに運動の全体像を明らかにするのは、この小論には荷の勝った仕事なので、私はただ、それが当時の社会に与えた影響に限定して考えてみたい。

今日私たちは、当時の社会が、この事件とその後の運動に、どれだけの衝撃を受けたかを忘れてしまっている。それは、ここ百年の間に起こった二つの大戦争や、霊能者の質の低下やインチキの横行、それに伴う官憲の取締りや弾圧などのためであり、また我が国においては、とくに明治以来の国策であった欧米式科学思想の重視と、容易に唯物的になり易い現実的な国民性とによるところが大であったと思われる。あるいは最大の理由は、手近に「ハイズヴィル事件」のような大異常現象が無かったせいかもしれないが、私たちは、この事件と運動の重要性から眼をそらせてきたばかりでなく、それが各方面で起こした波紋をも、正当に評価しようとする努力を怠ってきたのだった。

当時どれほどの衝撃を社会が受けたかを、ちょっと見てみよう。アメリカでは、ハイズヴィル事件発生の翌年に、スピリチュアリストたちの最初の集会が開かれ、その次の年には、フォックス家の三人の娘たちがニューヨークに乗り込んで、公開実験を行った。このとき、彼女たちの身の安全のために、当時としては破格の五ドルもの入場料をとるようにと、ある有力な新聞記者からの提案があったということで(田中千代松著『新霊交思想・心霊研究・超心理学の年表』。以下事実関係の記述で同著に拠ったものは多い)、すでに相当な社会的関心を集めていたことがわかる。

フォックス家の姉妹については、その後大学教授を中心とした知識人たちの実験が続いた。膝関節を鳴らして出す音だという、大学教授連署の声明が新聞に載ったり、一方、現象の真実性を信じた最高裁の判事が、最初のスピリチュアリズムの書とも言うべき本を、共著で出したりした。

ちょうどその頃、時運に乗ったかのように、二人のきわめて有能な霊媒がアメリカから出て、フォックス姉妹によって始まったスピリチュアリズム流行の機運を、海外にまでひろめる働きをした。ヘイデン夫人と、D・D・ヒュームである。

ヘイデン夫人は、ハイズヴィル事件の四年後に英国に渡っている。彼女によってスピリチュアリズムは、英国ではじめて公けに討議されるようになった。新聞、雑誌などで活発な意見が戦わされたが、彼女の最大の功績（という言葉が正しいかどうかはわからないが）は、著名な社会主義者のロバート・オウエンを、スピリチュアリズムに転向させたことだと言われる。八十二歳のこの大社会思想家は、両親の霊からの通信のあまりの現実性に、すっかり驚いてしまったのだった。

ヘイデン夫人にまして、海外でスピリチュアリズムの評価を高めたのは、スコットランド生まれでアメリカ育ちのD・D・ヒュームだった。彼もまた、フォックス姉妹やヘイデン夫人と共に、叩音（ラッピング）を体験することから霊媒としての生涯を始めた。霊媒としては必ずしも一般的な体験ではないこの叩音が、当時の大霊媒たちに一様に起こり、彼等の活動の表看板となったことは、霊現象もまた時代の特色を持つかのようで、不思議な気を起こさせる。

ヒュームの能力は、しかし、それだけに止まらず、英国やヨーロッパ各地で、前人未踏の霊能発揮を行った。ほとんど伝説的ともなっている彼の特殊技術は、人体浮揚で、数人の目撃者の前で、体を横たえたまま浮揚し、窓から外へ出て、別の窓から入ってくるという離れ技をやった。そのほか、燃えている石炭を素手で掴んだり、それを他人の頭に載せたり、手をふれずにアコーディオンを鳴らしたりした。これらは厳重な実験条件の下や、衆人の監視の中で行われた。彼以後今日に至るまで、彼ほど衆目を集めた霊能者はいない。

上流社会が大好きだった彼のおかげで、スピリチュアリズムは（と言うより、霊現象に対するスピリチュアリズム的な関心は）ヨーロッパ各国（フランス、ドイツ、イタリア、ロシア）の貴族社会を通じて、広く各層に浸透していった。王や貴族がまだ富と権威を失っていなかった第一次大戦前のヨーロッパ社会においては、彼等の関心を集めることほど効果的な宣伝はなかったにちがいない。ヒュームの名声は、ヨーロッパでもっとも人気のあった文学者をも凌（しの）ぐものがあった。『モンテ・クリスト伯爵』の作者として世界的名声を博したアレクサンドル・デュマ（父（ペール））がヒュームといっしょにロシア宮廷を訪れたとき、皇帝の降霊会にヒュームだけが招待されたので、デュマが怒ったという話がある。

当時の社会へのスピリチュアリズム（への関心）の浸透ぶりは、フランスの貴族社会に於いて、「テーブルの具合はどうですか」という言葉が、日常の挨拶代りに使われたほどだったと言われる。もちろんこの「テーブル」は、降霊会のときに行われる「テーブル・ターニング」（参加者が霊媒を中心としてテーブルを囲み、両手をその上に載せ、力を加えずにテーブルが動くかどうかを試すもの）の「テーブル」である。「テーブル・ターニング」は最初イギリスで大流行し、二人のフランス貴族によって、フランス社会へ持ち込まれたと言われる。

ヒュームのこれほどの成功に対しては、やはり相当な反発と中傷があった。イタリアではカトリックの僧からの反感が高まり、身の危険を感ずるほどだった。新聞雑誌などで攻撃されたことは勿論で、知識人の反発も強かったが、その一つの例として、詩人のブラウニングが霊媒のインチキを嘲（あざけ）った詩を発表し、これがヒュームへの当てこすりだと言われていることを挙げておこう。彼は、夫人がスピリチュアリズムに夢中であったこともあって、我慢がならなかったのだということである。

スピリチュアリズムの輸出元であるアメリカの反応を挙げておくと、一八五〇年代のスピリチュアリズムへの関心は「狂気」と呼ばれるほどであったらしい。ペンシルヴァニア大学の化学の名誉教授だったロバート・ヘアという人が、“the tide of popular madness”という言葉でこの傾向を批難している。彼はその「狂気の流れに盾つくため」に、実験と研究を重ねたが、反対にそれを擁護する論文を発表する結果になった。その翌年、上院議員やウィスコンシン州知事を歴任したタルマッジという人を筆頭に、一万三千人の署名を集めた、スピリチュアリズム研究の国家機関設立の請願書が、ある下院議員の手によって国会に提出されているところを見ると、やはり「狂気」とも言うべき流行だったのだろう。数年後に大統領となったリンカーンは、何度か官邸に霊媒を呼んだり、自身降霊会に出かけて行ったと言われている。欧州諸国の王や皇帝がさかんに降霊会を行っていたのだから、当然あり得ることだ。その一つに、後年メイナード夫人として有名な霊媒となった若い娘が、リンカーンに奴隷解放の使命があることを伝えたと言う。それが実際に奴隷解放宣言となって実を結んだかどうかは、疑う余地のあることだが、降霊会のことはメイナード夫人の回想記と目撃者の証言が一致していて、事実であるらしく、ロンドンのスピリチュアリストの協会（SAGB）には、奥のラウンジの壁に、スピリチュアリズムの最初の偉大な支持者としてのリンカーンの肖像画がかかっている。

以上述べたようなことは、スピリチュアリズムが惹き起こした反響のほんの一部だが、今日ほとんど無視されている。一時世間を騒がせたことで、忘れられてしまったことは多いだろうが、これほど社会の耳目を集め、ただ集めただけでなく、社会のもっともすぐれた知性によって論じられ、研究されたものが、これほどきれいさっぱりと忘れ去られたのは珍しかろう。こういったことに関する人間の羞恥心といったようなものが働いて、忘れ去る度合をいっそう完璧にしたとも言えるだろうが、忘れた理由はともかくも、私は、これだけのことの中には、忘れてならないことがきっとあるにちがいないと思うのである。

王侯貴顕の眼を奪った華やかな現象は別として、それでは、スピリチュアリズムとはいったい何なのだろうか。

スピリチュアリズムの国際機関としてＩＳＦ「国際スピリチュアリスト連盟」というものがあるが、第二次大戦後に開かれた国際会議では、次の二箇条が基本原則として採択されたと、スピリチュアリズム研究家の田中千代松氏は述べている。

一、死後にも個人的性格は存続する。

二、現世と霊界との間の通信は可能である。

これは、人種、信仰の違う会員を抱える連盟としては、ぎりぎりの条件である。戦前には四箇条あり、最初に連盟が出来たときには七箇条あった。上記二箇条のほかに、最高原因としての神の存在、神と人間との中間に立つ者としての指導霊の存在、人間の魂の向上進歩、そうした宇宙的規模の構図の中における個人の立場の自覚と、人類全体の同胞意識、といったようなものが含まれていた。もちろんこれらの信条は戦後放棄されたのではなく、採用するかしないかは、加盟団体の意志にまかせるということになっている。

一口に「スピリチュアリズム」と言っても、一定の教義やお経のようなものがあるわけではない。スピリチュアリズムの先覚者と言われるスエーデンボルグと、キリスト教に於けるヨハネに比較されるアンドリュー・ジャクソン・デイヴィスの二人の著作にも、かなりの隔たりがある。ISFが掲げた二箇条についても、それがどのくらいの期間続くかについて、意見は分かれる。スピリチュアリストめいめいが、それぞれのスピリチュアリズムを持っていると考えた方がいいかもしれない。

とは言え、連盟の初期に出来た、このアングロサクソン風のスピリチュアリズムについて考えてみると、それがいかにキリスト教風な土壌の上に出来たかがわかると共に、キリストを神と人間とを結ぶ唯一のきずなと考えることから離れて、指導霊の一人と考えることによって（スピリチュアリズムに於いては、キリストの性格はあいまいである）大きく一歩踏み出していることがわかる。ほとんど異端と言っていいのである。

スピリチュアリズムのもう一つのきわ立った性格は、具体性である。人間の死の際の霊魂離脱の状況から、指導霊との邂逅、霊界の様子や地獄へ堕ちる状態など、スエーデンボルグにしろ、デイヴィスにしろ、いちいち図解出来るほどの明瞭さで示している。これは在来のキリスト教が曖昧模糊とした教義によって権威を守ってきたこととはまったく対照的であった。産業革命によるはじめての技術革新の波に洗われ、科学的真実を求めはじめた人々にとって、きわめて魅力的であったにちがいない。

スピリチュアルなもののリアリズム──ちょっとキザな言い方だが、そう言えるかもしれない。ちょうど現実的なものの追求（リアリズム）へ向おうとする世相に投じたのは、これであったろうし、また文学者や芸術家たちの想像力を捉えたのも、このことが大きな力になったと思う。元来想像力とは、スピリチュアルなもののリアリズムではなかっただろうか。ホメロスの『イリアッド』における神々と人間との入り混じった戦い、ダンテの『神曲』の霊界の描写や、ミルトンの『失楽園』の地獄の中で苦悩するサタン──こういうものを思い浮かべればわかることだ。ただし、スピリチュアリストたちは霊界をリアルなものと思ってきたが、詩人たちはどうだっただろうか。案外、自分たちの想像力の中の出来事（ヴィジョン）をリアルなものと信じていたかもしれない。事実、スピリチュアリストの中には、ダンテが霊能者であって、彼が描いた世界は、霊的に体験した世界であったと考える者もいるのである。

私はここで文学の話をしようと思う。それは私が文学に関心を持っているからというだけではなく、文学とスピリチュアリズムとが大きな関係をもっているからである。スピリチュアリズムが流行した十九世紀後半に、スピリチュアリズム、またはそれが惹き起こした心霊的関心の風潮に、影響を受けた文学者や芸術家は数多い。その事実の中には、今日我々の見逃すことの出来ないものがある。たとえば、現在文学者たちの中に、「見えないもの」という言葉が、作品の背後にあるものや、表現の対象を示すものとして用いられるようになってきているが、それこそ、十九世紀後半のもっとも前衛的な文学者の方法論の中心にあったものなのである。

私が考えているのは象徴派の詩人たちなのだが、ここでは先ず、スピリチュアリズムと文学（芸術）との接点をさぐってみたい。

両者の接点はいくつかあるが、その核とでも言うべきものは、さっき述べた「想像力」、スピリチュアリズムの用語で言えば「想念」である。

霊界は想念の世界だ、とスピリチュアリストは言う。架空の世界だということではない。スピリチュアリストは、想念は実体を持っていると思う。力もある。だから人を祈り殺すことも出来るし、スプーンを曲げることも出来る。現世に於いて想念は、物質に束縛され、粗雑な、不完全な形でしか存在しないが、霊界においては、高度な、純粋な姿で存在する。スピリチュアリズムの宇宙生成論によれば、物質と想念との間に絶対的な区別はなく、その本質は電子のような波長をもったものの運動で、想念はその極めて純化された状態だと言う。（私の説明は上手ではないので、興味のある方は、A・J・デイヴィスの『自然の諸原理』を読んでいただきたい）。純化にもいろいろな度合があって、非常に繊細で微妙な波長をもつ高度な霊から、鈍重で粗雑な波長の地上の生命に至るまでさまざまだが、いずれも実体をもつということに変わりはない。むしろ、地上よりは霊界に於ける方が、その純粋さ、集中力の強さのために、より現実性（リアリティ）が強いと、スピリチュアリストは信じている。我々は、死後の世界は薄ぼんやりと影のようなものだろうと思っているが、それは逆で、霊界から地上を見ると、何と薄汚れて亡霊の国のようだろうと思う、というわけである。

「想像力」については、形象化の能力、客観化の能力、などと、芸術活動の特殊な性格を指摘することも出来るだろうが、本質的には「想念」である。この、想念こそ現実であり、実在の本質であるというスピリチュアリズムの考えは、想像力を単なるイメージ製造の能力から、人間存在の中核的な活動へと位置づけるものである。想念のみが人間存在の中心であり、想念によって人間ははじめて人間らしい生活を送ることが出来るというのが、スピリチュアリストの信念であって、従って、その内容を形象化し、客観世界に定着することの出来る想像力は、人間の持つ能力の中でもっとも大事なものの一つと言うことが出来よう。

さらに、想念は個人的なものではないと、スピリチュアリストは考える。

個人はテレビの受像機のようなもので、テレビ電波そのものを作り出す装置ではない

——大まかに言えばそういうことだが、個人が受信する映像のすべてが超個人的なものであるのかどうか、超個人的な部分があるとすればどの部分か、というような厳密なことになると、私には答える準備がない。しかし、映像の中には、たとえば美や道徳のイメージのように、経験によって学んだという解釈では不自然に思える、個人を超越したものもある。人間が抱くイメージの中には、ときどき天上や地獄のイメージが混じっている、と言えば、象徴派の詩人でも言いそうな文句だが、これはまさしくスピリチュアリストの抱くイメージなのである。我々が地上を中心として考えるのと違って、スピリチュアリストは霊界を中心に考える。(人間の生命はせいぜい七、八十年だが、霊界での生活はそれから無限に続くことを考えれば、そう思うことの方が合理的かもしれない)。人間界にあるイメージは、すべて霊界にある。と言うより、霊界にはあらゆるイメージの原型があり、ちょうどプロメテウスが天上の火を盗んだように、我々人間は天上からイメージを借りてきて、それを物質化したり、形象化したりするのである。

この考えはプラトン的だということはおわかりだろう。私が言いたいのは、極めて古くから人間が抱いた考えだということである。そしてこれは、スエーデンボルグという、あの霊界を自分の眼で確かめたという人物によって、確信をもって語られている。彼によれば、人間界と霊界とは、鏡で映し合うように照応している。霊界にあって人間界にないものを、人間は記憶の奥に持ち、その欠乏を感じ、それを作り出そうとする。その欠乏感のもっとも深いものは、（ここからは私の考えだが）霊界の太陽によって、霊界においてはふんだんに、平等に、与えられている完全な「愛」であろう。

ボードレールがこの「照応」の説に影響を受けて、「照応（コレスポンデンス）」という、あの『悪の華』の冒頭の詩の一つで、彼の詩論を語るものとして有名な詩を書いたのは、よく知られている。『悪の華』は、ハイズヴィル事件の九年後、彼が三十六歳の時に刊行された。従って、彼がその中の詩を書いていたのは、スピリチュアリズムがフランスに持ち込まれ、「テーブル・ターニング」が流行していた頃である。上流社会のサロンに出入りしていた彼が知らなかったはずはない。私は彼をスピリチュアリストだと言うつもりはないが、この「照応」の詩や、もう一つよく論じられる「飛翔（エレヴァシオン）」の詩には、スピリチュアリズムの思想が色濃く影を落としている。自然は神の神殿であって、その中に洩れ聞こえる不可解な言葉をひろい集めるのが詩人の仕事だという思想、さらに、人間の魂は地上の醜悪さを超えて、天上の至高の焔の世界の中へと飛翔するのが理想であるという考え、これらは、地上のイメージは天上のイメージの粗悪な写しであるとか、地獄から地上を通って天上に行くには、七層または九層の世界を通過し、最後には至高の焔の世界に入って、宇宙的な存在に合体するという、スピリチュアリズムの思想（後者はキリスト教的神秘主義に共通するものだが）に通ずるものである。

ボードレールには悪のイメージがつきまとうが、その絢爛さに魅力を感ずる批評家の中には、彼の宗教的傾向の詩を、具体性に欠け、実体に乏しいと批難する者がある。これは宗教的な素材のもつ宿命かもしれず、ボードレールの心の中でどのような比重をもっていたかということとは、また別なことかもしれない。

地上の物象は天上の反映であるという思想は、ボードレールに続くランボオ、マラルメらの象徴派詩人によって、それぞれ違ったやり方ではあるが、彼等の詩作の目標として、大胆に追求された。二人とも言葉の中に心霊的、魔術的なものを認め、詩人を「言葉の錬金術師」と呼んだ。言葉を鍛えることによって、見えないものを出現させようというのである。ランボオが実際に錬金術や心霊術に参加したり、研究したりした記録はないそうだが、マラルメが心霊研究のサークルにしばしば通っていたことはよく知られている。まさにそうした時代だったのであり、よほどの偏屈者でない限り、時代の風潮から孤立することは困難だったにちがいない。

二人の関心は、絶えず、見えないものの追求にあった。ランボオは見えないものの根源を「宇宙の智慧」とか「宇宙の霊」とか呼び、詩人は、それが地上に投影する想念を伝える楽器のようなものだ、と考えていた。これは、詩人は霊媒のようなものだという、古代ギリシャ的な考えの反映であり、ランボオの古代ギリシャ詩への傾倒に由来する。心霊主義（スピリチュアリズム）の立場から言えば、当然な考えである。

彼の有名な「見者」の説も、日常世界に支配されている感覚を「思慮深く錯乱させ」て、見えないものを見る方法であり、「言葉の錬金術」を試みたのも、日常の意識にがんじがらめになっている言葉を解き放って、隠れていた力を発揮させるためであった。言葉がもし宇宙的な生命によって生まれたものとすれば、そうすることによって、宇宙の秘密を語るかもしれないのだ。

この言葉の秘密に、一生をかけて迫ったのがマラルメだった。彼はランボオのように、「錯乱」の中で「酔いどれ船」となって言葉のオペラを演じたのではなく、静かな狂気とも言うべき、書斎の静寂の中で詩作した。言葉の響きの一つ一つに聞き入り、それらがお互いに響き合い、しだいにある想念を形造って行くのを見守った。地上の物象は、日常性にまみれた不純なものであるが、その中には純粋で理想的な姿が隠されているのだ。「踊り子は踊る女性ではない。かの女はもはや女性というより、われわれの根源的形象のひとつ」である。「純粋な姿」と言い、「根源的形象」と言うものは、即ち「想念」である。それはスピリチュアリズムなどで言う「宇宙的想念」の一部であり、天上の事象の反映なのである。

私はこれ以上象徴派の詩論を説明して、読者を退屈させるつもりはない。またすべてをむりやりスピリチュアリズムで説明するつもりもない。三人の詩人たちの受けた影響はさまざまであるし、その性格も作品も、複雑な要素をもっていることは言うまでもない。

私がここで言いたいことは、時代の雰囲気の力ということである。今日我々が彼等の言葉を読むとき、それらはただ彼等の頭の中で製造されたものと思ってしまい、その頭に刺激を与え、働かせていた環境——馬車の音が響き、ガス燈の匂いが漂う街や、天鵞絨(びろうど)の壁掛に覆われ、香水やトルコ煙草の匂う部屋——のことを忘れがちになる。その暗がりの奥では、テーブルが動き、空中で声がし、薬品が匂ったりしたのだ。そういうイメージの入り交じった世界こそ、彼等の言葉の温床だったのであり、そういう時代の傾向に火を付けたのが、あのハイズヴィルに始まったスピリチュアリズムだったのである。

「スピリチュアリズム」や「心霊術」のほか、「錬金術」「魔法」「カバラ」「ヨーガ」「催眠術(メスメリズム)」等、古今東西にわたる神秘主義的秘儀に関心が集まったこの時代を、もう一度振り返ってみたいと思う。なぜかわからぬが、時代によっては、心霊的なものへ興味が集中するらしい。芸術、学問の領域にまで、広範囲な熱狂をもたらしたこの時代は、ローマ末期以来、きわめて珍しい時代だったのである。同じような現象が社会の各層に拡がりつつある今日、これは非常に興味をそそる現象だと言わなければならない。

さっきも言ったように、最近「見えないもの」という言葉を、文学雑誌や講演会などで、見たり聞いたりするようになった。海外でもそういう言葉が使われているのかどうかわからないが、いま評判の南米の文学をはじめ、伝統的にリアリズムが根強かったアメリカ、イギリスの文学にも、幻想的、SF的な「見えないもの」が広く浸透してきている。(現代アメリカの代表的作家であり、ノーベル文学賞受賞者であるソール・ベロウが、最近ある雑誌記者のインタビューに答えて、作家という者は霊媒のようなもので、真に仕事をしているときには、超能力でモノを見るのだ、と言っているのは、前に引用したランボオら象徴派詩人の思考との類似性を思わせて、興味深い)。

「見えないもの」とは、しかし、何だろうか。リアリズムに行き詰まって、行く先の見えない世界を漠然と指している言葉なのか。SF小説や怪奇小説のように、我々の住む世界以外の場所や生物のことなのだろうか。それとも、作品の意味とか、観念とかを示しているのだろうか。

私はあるとき、ドラマについての講演会で、ドラマは背後の「見えないもの」を目指していると語った講演者が、その「見えないもの」とは何かと質問されて、「生命力のようなものだ」と答えたのを聞いたことがあるが、いかにも苦しまぎれで、半世紀も前に流行った、浪漫派的批評用語のむし返しを聞いた気がした。

文学に限らず、芸術というものは、いつも見えないものを表現しようとしてきた、という言い方もあるが、これは作者が伝えようとした情緒的な感動、倫理的な意図、作品構成の意味などを示すのが普通だ。「この作品には詩がある」とか、「この作品には三つの次元が含まれている」とか、「日常の次元を超えている」という言い方も、同じ意味合いで考えることが出来るだろう。

最近言われている「見えないもの」というのは、それとはちょっと違うようだ。少なくとも、ちょっと違うものを目指しているように見える。

象徴派の詩人たちは、その目指すものを、はっきりと自覚し、それを実現するための方法論を具体的に展開し、そして実行した。目的意識の明確さと、それを追求する精神の強靭（きょうじん）さとは、今日の文学者には見かけられないものである。

それにくらべると小説家たちの方は、それほど鮮明に、徹底的に、立場を明らかにした者はいない。影響を受けたり、関心を持ったりした者を挙げると、ユーゴー、バルザック、ユイスマンス、ディケンズ、サッカレー、コナン・ドイル、フェニモア・クーパー、ホーソーン、ヘンリー・ジェームズ等と、各国にわたって多彩だが、心霊主義を自分の文学的手法としたのはユイスマンスだけで、それも表現の上では自然主義という、折衷的なものであった。

これらの作家が「眼に見えない」世界を描くと、幽霊が出て来たり、錬金術師とか黒魔術師などが登場して、特殊な世界のことになってしまい、作者の世界像の全体を示してはいないという不満が残る。

これは一つには、小説そのものの性格の中に、現象界を飛躍し得ぬものがあるからだが、それについては多くの人たちが指摘してきたことであり、興味あることだが、ここでは立ち入らないことにする。

もう一つ指摘したいことは、時代の趨勢（すうせい）としての（それ故にこそ小説という形式が求められてきた）リアリズムに対する要求である。

社会を鏡のように写しとろうという写実主義に根ざした、バルザックやゾラに始まるリアリズムは、作家によっていろいろなヴァリエーションを持ちながらも、二十世紀の文学の主流として、今日に至っている。もともと社会に生きる人間を対象とし、その生きざまを客観視することを目的としたリアリズムは、「見えないもの」を描くには不利な手法である。

そういう困難をもちながらも、一方、ジョイスやカフカやプルーストのような、意識の奥を探ろうとする文学を、二十世紀文学の主要な流れとして持つようになったことも事実である。方法も目的もそれぞれ違うが、少なくともそれらは在来のリアリズム文学よりも、「見えないもの」の領域に、大きく一歩踏み込んだと言うことは出来るだろう。

「見えないもの」とは何だろうか。

どうしたらそれを見ることが出来るのだろう。

それは、先ず、世界観の問題だろうが、仮に、象徴派の詩人たちのように、この世以外の世界の存在を認めたり、あるいは、漠然とその存在を予感して憧れを抱いたりしても、次にはいろいろな問題が生じてくる。たとえば、それを自分の頭の中だけではなく、文学の認識の方法として、どうやって具体的に見たり、表現したりすることが出来るだろうか。ランボオもマラルメも、超人的とも言える規律を自分に課することによって、それに迫っていった。言わば、行者になったのだ。それくらいの自己放棄と集中力がなければ、われわれを取り巻く地上の物象は、容易に日常の殻を破って見せないだろう。

それから、詩においては、一輪の花、一人の踊り子でもよいが、小説では、一つの事件、又は一人の人間の一生というふうに、時間の中に人間の性格やさまざまな要素が入り込んでくる。そういう事件や、人間の一生の上に、天上の影を認めるということはどういうことだろうか。それはギリシャ風に、運命の落とす影をそこに読みとるということなのだろうか。それとも、インド風な輪廻転生の姿をそこに眺め、因縁果の業を知るということなのだろうか。また、愛したり、憎んだりする人間の生きざまを眺めるというのは、どういうことだろう。永劫の海に瞬時に上下する波の起伏を眺めるように眺めるべきなのだろうか。そうなってくると、宗教観によって描かれた過去の文学と、どういう点で違ってくるのだろう。

基本的に言えることは、我々を取り巻いている地上の物象を通じて、「見えないもの」をさぐってゆくしかないということであろう。文学とは具体を相手にするしかない。心霊主義がもう一つの世界を保証したとしても、文学はそれを、我々が行動し、観察する世界の中で実証してゆくよりほかない。「見えないもの」を、見えるかのように描くのではなく、探し求め、発見するのである。

それなら、いままでの文学はみなそうではなかったか、みな具体的なものを抱えて苦労してきたのではないか、と言われるかもしれない。「探求の文学」という言葉もあったはずだし、「文学は自我を探求するものだ」という言葉も聞いた気がする。「発見の文学」という言い方もあったかもしれない。

だが、この場合は少し違う、と私は思う。どういうふうに違うか、言うのはむずかしいし、実際に苦労した者でなければ空論になってしまうが、ものの見方が違うと思う。抽象的な言い方だが、既成のものの見方からはるかに自由に、対象を無限の時間と空間との中に置き（あるいは時間と空間から自由にして）根源的な姿において捉えるということではないかと思う。そうするためには、作者は、眼から世間の垢（あか）を洗い落とし、魂の鏡を磨き立てねばなるまい。

これ以上方法的なことを述べれば、無理がいって嘘がまじりそうなので、これで止めるが、こういうことが出来ればいいなと思うのが、心霊研究に首を突っ込んだ者の夢想である。もちろんこれは、「見えないもの」に対する一つの考え方（アプローチ）であって、別な考え方もあると思うし、今後いろいろな意見が出てくることを、大いに期待したい。

ついでながら、私の夢想をもう一つ述べさせていただくと、いま述べたようなやり方で発見されるであろう世界は、象徴派詩人の発見した、ヨーロッパ風な、どこかにキリストの後光の射す世界とは違った、いかにも日本人の行きそうな天国（または地獄）ではないかと思う。霊界も、西洋と東洋とでは違うというのが、私のいずれは実証したい（あと三十年ぐらいの間にそうすることになるだろう）一つの仮説だからである。

文庫のあとがき

今回、中公文庫編集室のS氏の尽力で、この本が文庫の一冊として世に出ることになった。S氏は、前に、シェークスピアやシャーロック・ホームズの背後の世界がどんなものだろうかと思って、興味を持ってこの本を読んだ、と言っておられる。そんなふうに読んで下さればありがたいし、私ももちろん、書いていた時には、シェークスピアやシャーロック・ホームズのことは頭にあった。ことにシャーロック・ホームズの著者であるコナン・ドイルは、この本に出てくるスピリチュアリズムの本拠である「大英心霊主義者協会」の会長だった。読者は、だから、この「イギリスの霧」の奥へ入ってゆくと、「スピリチュアリズム」に出会うことになる。

この本を「スピリチュアリズム」の入門書として読んで下さってもいいし、これらのエッセイが最初に連載された『心霊研究』の発行元である日本心霊科学協会では、そういうふうに見ているようである。あるいは、この本を、十九世紀末から二十世紀初頭にかけて、産業革命の機械と石炭の歴史の背後に脱落した部分を補う数ページとして読んで下さってもいい。人間はいつでも得体の知れないものを抱え込んで、それを無視したり、軽蔑したりしながら、その力にひきずり廻されているという姿が浮かんでくるかもしれない。また、この本を、ちょっと変わった現代英国の旅行記として読むことも出来るだろう。

このエッセイ集を書くに至った動機は、前の単行本の「あとがき」にも書いたが、南雲堂の原信雄さんのすすめによるものである。南雲堂は英米文学についての出版も多いが、英語の教科書が主力商品なので、この本の出版は一種の英断だったろうと思う。幸い、(自分の口から言うのも変だが) 新聞や雑誌に書評が出たりして評判がよかったので、安心した記憶がある。

これらのエッセイは本になる前に、先程も言ったように、『心霊研究』に載せてもらった。その方が、読者の反応を見たりする上で書き易かったからだ。その時の編集長が梅原伸太郎氏で、今は独立して、「国際精神世界フォーラム」や「日本霊学研究センター」などを設立し、活躍中で、私とも親交が続いている。またその本の表紙は、私の長年の友人で、国際的に著名な前衛画家草間彌生さんの絵をいただいて飾り、各章の前には私の妻の恵美子のカットを置いた。帯には、私の文学の師匠である小島信夫さんの文章をいただいた。「(筆者は) 家族ともども心霊のざわめく霧の中を旅して廻った」という印象的な部分は、書評などにも引用されたりした。細かいことを書くようだが、この文庫版が出るに当って、最初に出た本にかかわった方々に敬意を表したい。

私が心霊問題に興味を持ったのは、この本の初めに書いたように、スエーデンボルグを読んだからだが、私の勤めている大学の先輩教授であった後藤以紀（もろのり）先生の引退記念講演に感銘を受けたからでもある。後藤先生は電気学会の方では著名な学者で、同時に日本の心霊研究では草分的な存在である。

記念講演は専門の電気工学ではなく、心霊研究のさまざまな成果についての写真投映を交えたお話であった。エクトプラズムや浮遊する物体、クルックス博士が研究した幽霊、ケイティ・キングの写真などを初めて見た。英国に研究留学するに当たり、後藤先生のアドバイスを求めたところ、日本心霊科学協会の会長吉田寛（ゆたか）氏を紹介して下さった。家業と協会の両方の仕事をして忙しいにもかかわらず、吉田氏は英国の心霊研究機関をかなりくわしく紹介する手紙を下さり、また私が英国にいる間に、ご自分の心霊関係の蔵書を調べ上げて、タイプで打って送って下さった。これらはずいぶん役に立ち、帰国後もお世話になったが、惜しいことに亡くなられた。

その後会長は田中千代松氏に代わり、私と協会との関係も、細ぼそながら続いている。田中氏も草分の一人で、氏の著書『新霊交思想の研究』（共栄書房）は、スピリチュアリズムの歴史を欧米と日本とを通じて、該博な知識に基いて書いた、我が国に於ける最良の紹介書ではないかと思う。アカデミックではあるが、この種の良心的な著書が少ない我が国に於いては、貴重な研究書である。ことに、福来友吉博士を中心とする日本の初期の心霊研究についての記述は、著者の関心の深さのうかがえる興味深い部分である。

日本の心霊研究は福来友吉と浅野和三郎の二人を主な柱として展開して来たと言える。現在、仙台に福来心理学研究所と、東京に日本心霊科学協会がある。浅野の死後、心霊的方向を遵守しようとして機関誌『心霊と人生』に拠った脇長生氏を中心とするグループと、科学的方向を重んじ、『心霊研究』に拠った科学者たちのグループとがあった。後藤、田中氏などは後者である。

私は英国へ出発する前に脇氏にもお眼にかかり、懇切なお話を伺ったが、在英中に脇氏は亡くなり、その後機関誌の発行もと絶えた。心霊研究を始めようとするに当たり、この両者のお話を伺うことが出来たのは、奇縁と言うしかない。

日本心霊科学協会は、必ずしも科学的研究機関と言うわけではなく、日本的スピリチュアリズムを中心として、霊性開発にも努めている団体だが、こういう伝統的なグループの活動も、今は一つの曲がり角に来ているように思われる。時代もまた変わりつつあると言うか、その周辺に、実にさまざまな精神世界の活動団体が生まれて来ていることは、読者もすでにご承知のことと思う。それらのグループの間の連絡をとり、共通の目的を見出しつつ、活動を共にしてゆこうというのが、前述の梅原仲太郎氏などの考えのようだが、それほど運動も多様化していると同時に、混乱した状況に対する一種の危機感も生れてきている。

私のこの本は、そういう心霊世界の諸問題のほんの入口の景色を述べたものに過ぎない。心霊の世界というのは、大へん奥深く、また危険に満ちている。この本が読者の皆さんに、その世界に対する興味を呼び起こすと同時に、現状の混乱の中から一歩出て、さらに真相を見きわめようとする助けになれば、それにすぎる筆者の喜びはない。

平成元年四月一日

三浦清宏

本書は、一九八九年四月、中央公論社より文庫として刊行された『イギリスの霧の中へ』を再文庫化したものです。

一〇〇字書評

切り取り線

購買動機（新聞、雑誌名を記入するか、あるいは○をつけてください）

□	（　　　　　　　　　　　）の広告を見て		
□	（　　　　　　　　　　　）の書評を見て		
□	知人のすすめで	□	タイトルに惹かれて
□	カバーがよかったから	□	内容が面白そうだから
□	好きな作家だから	□	好きな分野の本だから

●最近、最も感銘を受けた作品名をお書きください

●あなたのお好きな作家名をお書きください

●その他、ご要望がありましたらお書きください

住所	〒				
氏名		職業		年齢	
新刊情報等のパソコンメール配信を 希望する・しない	Eメール	※携帯には配信できません			

あなたにお願い

この本の感想を、編集部までお寄せいただけたらありがたく存じます。今後の企画の参考にさせていただきます。Eメールでも結構です。

いただいた「一〇〇字書評」は、新聞・雑誌等に紹介させていただくことがあります。その場合はお礼として特製図書カードを差し上げます。

前ページの原稿用紙に書評をお書きの上、切り取り、左記までお送り下さい。宛先の住所は不要です。

なお、ご記入いただいたお名前、ご住所等は、書評紹介の事前了解、謝礼のお届けのためだけに利用し、そのほかの目的のために利用することはありません。

〒一〇一－八七〇一
祥伝社黄金文庫編集長　萩原貞臣
☎〇三（三二六五）二〇八四
ohgon@shodensha.co.jp

祥伝社ホームページの「ブックレビュー」からも、書けるようになりました。
www.shodensha.co.jp/bookreview

祥伝社黄金文庫

イギリスの霧の中へ
心霊体験紀行

令和4年11月20日　初版第1刷発行

著　者　三浦清宏
発行者　辻　浩明
発行所　祥伝社
〒101－8701
東京都千代田区神田神保町3－3
電話　03（3265）2084（編集部）
電話　03（3265）2081（販売部）
電話　03（3265）3622（業務部）
www.shodensha.co.jp
印刷所　萩原印刷
製本所　ナショナル製本

Printed in Japan　© 2022, Kiyohiro Miura　ISBN978-4-396-31830-7 C0195

祥伝社黄金文庫